GOLDMANN

W0033728

Buch

Nach der Scheidung von ihrem Mann geht die Amerikanerin Anita für einige Zeit mit ihrem Bruder, einem Maler, nach Afrika. Die Flucht in ein Tal an den Ufern des Niger ist eine Befreiung für sie. Doch schon bald beginnt das Leben in der Fremde sie zu bedrücken. Mysteriöse Vorgänge und merkwürdige Alpträume quälen die junge Frau. Anita verdächtigt Sekou, den »Haushofmeister«, sich nachts geräuschlos in ihr Zimmer zu schleichen und ihr diese Träume aufzuzwingen.

In dieser und in den anderen Erzählungen zeigt sich erneut Paul Bowles' Vorliebe für das Abgründige und Mystische. Er schildert Menschen, die in sich eingeschlossen leben und ein Inseldasein führen. Einzelgänger, umhüllt von Gleichgültigkeit und Einsamkeit. Bowles nimmt sich stets des menschlichen Chaos' an, das er mit unnachahmlicher Sprachgewalt und mit einer Prosa beschreibt, die streng und zugleich von eindringlicher Kraft ist.

Autor

Paul Bowles, 1910 in New York geboren, zählt zu den Klassikern der amerikanischen Gegenwartsliteratur. Der Autor von *Himmel über der Wüste* war mit Gertrude Stein, Tennessee Williams, Allen Ginsberg und v. a. bedeutenden Künstlern eng befreundet. Lange Zeit führte er ein unstetes Leben zwischen Nordafrika, Ceylon und Südamerika, bis er schließlich Anfang der sechziger Jahre seinen Lebensmittelpunkt im marokkanischen Tanger fand.

Paul Bowles im Goldmann Verlag
Das Haus der Spinne · Roman (Taschenbuch 9120)
Gesang der Insekten · Roman (Hardcover 30358;
Taschenbuch 9782)
Himmel über der Wüste · Roman (Taschenbuch 42232)
Die Stunden nach Mittag · Erzählungen (Taschenbuch 9398)
Eisfelder · Erzählungen (Hardcover 30399; Taschenbuch 41235)
Mitternachtsmesse · Erzählungen (9923)
New York – Tanger · Erzählungen (Taschenbuch 9306)
Rastlos · Erinnerungen eines Nomaden (Hardcover 30396;
Taschenbuch 42000)

PAUL BOWLES

DER FERNE KONTINENT

ERZÄHLUNGEN

Herausgegeben
und aus dem Amerikanischen
übersetzt von Pociao

GOLDMANN VERLAG

Deutsche Erstveröffentlichung

Die Originalausgabe von »Sekou« erschien 1993 unter dem Titel »Too far from home« in *Too far from Home* bei Ecco Press, Hopewell, NJ. »Ein ungelegener Besuch«, »Sylvie Ann, der Boogie-Mann«, »In Absentia« erschienen 1988 im Original unter den Titeln »An Inopportune Visit«, »Sylvie Ann, the Boogie Man«, »In Absentia« in *Call at Corazón* bei Peter Owen, London. »Leuchtender Horizont« erschien im Original 1981 unter dem Titel »A 1977 Dream (The New Continent)« in *Dreamworks,* Band 2.

Der Goldmann Verlag
ist ein Unternehmen der Verlagsgruppe Bertelsmann

© 1958, 1962, 1972, 1977, 1986, 1990 by Paul Bowles
© der deutschsprachigen Übersetzung 1995
by Wilhelm Goldmann Verlag, München
Umschlaggestaltung und Illustration: Design Team, München
Satz: Uhl + Massopust, Aalen
Druck: Elsnerdruck, Berlin
Verlagsnummer: 42148
Lektorat: Martina Klüver
Redaktion: Claudia Vidoni
Herstellung: Stefan Hansen
Made in Germany
ISBN 3-442-42148-9

1 3 5 7 9 10 8 6 4 2

Inhalt

Sekou

I

Bei Tag hatte ihr leeres Zimmer vier Wände, und die Wände umschlossen einen bestimmten Raum. Nachts setzte sich das Zimmer endlos ins Dunkle fort.

»Wenn es keine Moskitos gibt, warum haben wir dann Moskitonetze?«

»Die Betten sind niedrig, und wir müssen die Netze rings um uns gut feststopfen, damit die Hände nicht rausfallen und den Boden berühren«, antwortete Tom. »Man weiß nie, was da alles rumkriecht.«

Am Tag ihrer Ankunft, nachdem er ihr das Zimmer gezeigt hatte, in dem sie schlafen würde, führte er sie als erstes durch das ganze Haus. Es war sauber und düster. Die meisten Zimmer waren leer. Sie hatte den Eindruck, daß das Personal den größeren Teil des Gebäudes besetzt hatte. In einem Raum saßen fünf Frauen nebeneinander an der Wand. Sie wurde jeder einzeln vorgestellt. Tom erklärte, nur zwei von ihnen seien im Haus angestellt; die übrigen waren zu Besuch. Aus einem anderen Zimmer hörte man Männerstimmen, ein Murmeln, das rasch erstarb, als Tom an die Tür klopfte. Ein hochgewachsener, sehr schwarzer Mann mit einem weißen Turban erschien. Sie hatte sofort das Gefühl, daß ihm ihre Anwesenheit unangenehm war, doch er verbeugte sich würdevoll. »Das ist Sekou«, sagte Tom. »Er hat hier alles unter Kontrolle. Du wirst es nicht glauben, aber er ist außerordentlich intelligent.« Sie warf ihrem Bruder einen nervösen Blick zu. »Mach dir keine Sorgen«, fügte er hinzu. »Hier versteht man kein Wort Englisch.«

9

Sie brachte es nicht fertig, weiter über diesen Mann zu sprechen, während er direkt vor ihr stand. Doch später, als sie auf dem Dach unter der improvisierten Markise saßen, nahm sie den Faden wieder auf. »Wie kommst du darauf, daß ich deinen Mann für dumm halten könnte? Ich weiß, du hast es nicht ausgesprochen, aber so hast du es gemeint. Ich bin keine Rassistin, das weißt du. Findest *du* vielleicht, er könnte ein bißchen schwer von Begriff sein?«

»Ich wollte dir nur helfen, den Unterschied zwischen ihm und den anderen zu erkennen, das ist alles.«

»Oh«, sagte sie. »Der Unterschied ist mir natürlich nicht entgangen. Er ist größer, schwärzer und hat feinere Gesichtszüge.«

»Es gibt noch einen anderen grundlegenden Unterschied«, sagte Tom. »Er ist kein Hausdiener wie sie. Sekou ist nicht sein Name, sondern ein Titel. Er ist so etwas wie ein Häuptling.«

»Ich habe ihn heute morgen gesehen, als er im Haus arbeitete«, entgegnete sie.

»Ja, aber nur, weil er es so will. Er ist gern in diesem Haus. Und ich habe nichts dagegen, daß er da ist. Er hält die anderen im Zaum.«

Sie gingen bis zum Rand des Daches. Die Sonne blendete.

»Das glaube ich gern«, lachte sie. »Er hat das Gesicht eines Tyrannen.«

»Ich glaube nicht, daß irgend jemand unter ihm zu leiden hat. Weißt du was?« sagte er und erhob plötzlich die Stimme. »Du bist doch eine Rassistin. Wäre Sekou weiß, wärst du nie auf so eine Idee gekommen.«

Sie drehte sich halb zu ihm um, dort im gleißenden Sonnenlicht. »Wäre er weiß, hätte er ein anderes Gesicht. Schließlich verleihen erst die Züge einem Gesicht Ausdruck. Ich gehe jede Wette ein, daß er die Männer im Zaum hält, indem er sie einschüchtert.«

10

»Das halte ich für ziemlich ausgeschlossen«, antwortete er. »Aber selbst wenn, warum nicht?«

Sie ging hinein und stand im Eingang zu ihrem Zimmer. Das Mädchen hatte Matratze und Teppich so angeordnet, daß jetzt beide in einem Winkel von neunzig Grad zu ihrer früheren Position verschoben waren. Das beunruhigte sie, obgleich sie nicht wußte, warum.

II

Meine liebe Dorothy,

ich war schockiert über den Brief, den Du nach Deinem Unfall geschrieben hast. Was für ein Glück, daß Du nicht schneller gefahren bist. Wenn Dich dieser Brief erreicht, wird Dein Bein sicher wiederhergestellt sein. Jedenfalls hoffe ich es. Ich bin immer wieder erstaunt, daß hier überhaupt Post ankommt, denn es ist tatsächlich das Ende der Welt. Wenn ich mir vorstelle, daß die nächste Stadt in unserer Umgebung Timbuktu ist, überfällt mich ein Gefühl von Untergang. Es geht allerdings rasch wieder vorbei. Ich muß mich nur daran erinnern, daß ich hier bin, weil es mir damals als ideale Lösung erschien und alles in allem wirklich das einzige war, das ich machen konnte. Was hätte mich nach der Scheidung sonst aus der Depression herausholen können, abgesehen von einem längeren Aufenthalt in einem Sanatorium? Doch wer weiß – selbst das hätte sich als Fehlschlag erweisen können. Und finanziell wäre es ohnehin ausgeschlossen gewesen. Mit Tom und seinem Guggenheim-Stipendium kam das hier wie gerufen. Ich wollte alles hinter mir lassen, das mich auf die eine oder andere Art daran hätte erinnern können, was ich durchgemacht hatte. Die Stadt ist jedenfalls das Gegenteil von New York und jedem anderen Ort, den man sich in den Vereinig-

11

ten Staaten vorstellen kann. Zuerst habe ich mir Sorgen wegen des Essens gemacht, aber bisher hat es noch keinen von uns erwischt. Entscheidend ist wohl, daß die Köchin so zivilisiert ist, daß sie an die Existenz von Bakterien glaubt und sehr darauf achtet, alles zu sterilisieren, was sterilisiert werden muß. Das Nigertal ist keine Gegend, in der man krank werden möchte. Zum Glück können wir französisches Mineralwasser zum Trinken kaufen. Sollte der Nachschub nicht rechtzeitig eintreffen oder ganz ausbleiben, müßten wir trinken, was da ist, abgekocht und mit Halazon versetzt. Das alles klingt vielleicht lächerlich, aber wenn man hier lebt, wird man zum Hypochonder. Vielleicht fragst Du Dich, warum ich die Gegend nicht beschreibe, Dir erzähle, wie es hier aussieht. Ich kann es nicht. Ich glaube, ich könnte nicht objektiv sein, und das bedeutet, daß Du anschließend eine noch verschwommenere Vorstellung von hier hättest als vorher. Du wirst warten müssen, bis Du siehst, was Tom daraus macht, obwohl er bisher noch keine Landschaften gemalt hat – nur, was er in der Küche sieht: Gemüse, Obst, Fisch und ein paar Skizzen von im Fluß badenden Einheimischen. Du wirst es sehen, wenn wir nach Hause kommen.

Elaine Duncan ist eine blöde Kuh. Stell Dir vor, sie hat mich doch tatsächlich gefragt, ob ich Peter nicht vermisse. Irgendwas stimmt nicht ganz bei ihr. Zuerst dachte ich, sie wolle mich auf den Arm nehmen, aber dann habe ich gemerkt, daß sie es vollkommen ernst meinte. Es muß mit ihrer sentimentalen Ader zu tun haben. Sie weiß genau, was ich hinter mir habe und was es mich gekostet hat, diese endgültige Entscheidung zu treffen. Im übrigen kennt sie mich gut genug, um zu wissen, daß ich beschlossen habe, mich von alldem zu lösen, weil ich es mit Peter nicht mehr aushielt und mir dessen auch völlig bewußt war. Offenbar hofft sie, daß ich es bereuen könnte, diese Ehe aufgegeben

12

zu haben. Ich fürchte nur, daß ihr da eine Riesenenttäuschung bevorsteht. Ich fühle mich endlich frei. Ich kann meine eigenen Gedanken denken, ohne daß irgendwer auch nur einen Pfifferling dafür geben würde. Tom arbeitet den ganzen Tag schweigend vor sich hin und merkt gar nicht, ob ich etwas sage oder nicht. Es ist so erfrischend, mit jemandem zusammenzusein, der einen nicht beachtet, dem nicht einmal auffällt, ob man da ist oder nicht. Sämtliche Schuldgefühle lösen sich in Nichts auf. Das ist natürlich alles sehr subjektiv. Aber an einem Ort wie diesem neigt man auch zur Selbstbeobachtung.

Ich hoffe, daß Du Dich von den Folgen des Unfalls erholt hast und Dich warm hältst. Hier ist es im allgemeinen knapp über hundert Grad Fahrenheit. Du kannst Dir vorstellen, wieviel Energie ich habe!

Herzlichst,
Anita

III

Die Nächte vergingen langsam. Manchmal lag sie in der stillen Dunkelheit, und es kam ihr vor, als habe sich die Nacht herabgesenkt und die Erde so fest umschlungen, daß sich kein Schimmer des Tageslichts je wieder zeigen würde. Es könnte bereits Mittag des folgenden Tages sein, und niemand wüßte es. Die Leute würden weiterschlafen, solange es dunkel blieb, Tom im Zimmer nebenan und Johara und der Wachmann, dessen Namen sie nie behalten konnte, in einem der leeren Zimmer auf der anderen Seite des Hofes. Sie waren sehr leise, diese beiden. Sie zogen sich früh zurück und standen in aller Frühe auf, und das einzige Geräusch, das sie aus ihrem Teil des Hauses hörte, war ein gelegentliches trockenes Husten von Johara. Es war ihr unangenehm, daß es keine Tür zu ihrem Zimmer gab. Sie hatten die Türöffnung zwischen Toms Zimmer und dem ihren mit einem dunklen Vorhang verhängt, damit das Licht seiner dröhnenden Colemanlampe sie nicht störte. Er blieb gern bis zehn Uhr auf und las, doch sie war immer gleich nach dem Abendessen todmüde und mußte ins Bett, wo sie zwei oder drei Stunden sehr tief schlief, bis sie aufwachte und im Dunkeln lag, in der Hoffnung, daß es bald Morgen würde. Die Hahnenschreie nah und fern waren ohne Bedeutung; sie krähten die ganze Nacht.

Anfangs war es ihr ganz natürlich erschienen, daß Johara und ihr Mann schwarz waren. In New York hatten sie immer zwei oder drei schwarze Dienstboten im Haus gehabt. Dort empfand sie sie als Schatten von Menschen, nicht wirklich zu Hause in einem Land von Weißen, ohne Anteil an deren Geschichte oder Kultur und daher unfreiwillige Außenseiter. Mit der Zeit aber war ihr aufgegangen, daß die Leute hier Herren ihrer Umgebung waren und vollkommen im Einklang mit der Kultur dieser Gegend lebten. Das war natürlich nicht anders zu erwarten, aber es versetzte ihr doch so etwas wie einen Schock, zu erkennen, daß die Schwarzen die wirklichen Menschen waren und sie selbst der Schatten, und daß sie, selbst wenn sie für den Rest ihres Lebens hier bliebe, niemals begreifen würde, wie sie dachten.

IV

Liebe Elaine,

ich hätte Dir schon längst schreiben sollen, gleich nachdem ich hier ankam, aber das Wetter hat mir in den letzten paar Wochen doch ziemlich zugesetzt – nicht unbedingt körperlich, aber Körper und Geist sind untrennbar mitein-

14

ander verbunden. Wenn ich deprimiert bin, scheint mein ganzer Körper betroffen. Vermutlich ist das normal, vielleicht aber auch nicht. Weiß der Himmel.

Tatsächlich spürte ich, schon als ich zum ersten Mal über das flache Land blickte, das sich bis zum Horizont erstreckt, wie sich meine Depressionen in all der Helligkeit einfach auflösten. Es schien unfaßbar, daß es so viel Licht geben könnte. Und die Stille, die jedes kleine Geräusch umschloß! Man hat das Gefühl, daß die Stadt auf einem Kissen aus Schweigen ruht. Das war etwas Neues – eine erstaunliche Empfindung, der ich mir deutlich bewußt war. Ich hatte das Gefühl, genau das bräuchte ich, um meine Gedanken von der Scheidung und all den anderen Sorgen abzulenken. Es gab nichts, das erledigt werden, niemanden, den ich sehen mußte. Ich war mein eigener Herr und brauchte mich nicht einmal um die Dienstboten zu kümmern, wenn ich keine Lust hatte. Es war wie Zelten in einem großen leeren Haus. Natürlich mußte ich mich am Ende doch um die Dienstboten kümmern, weil sie alles falsch machten. Tom sagte immer: Laß sie in Ruhe. Sie wissen schon, was sie tun. Ich glaube, sie wissen, was sie tun wollen, scheinen aber nicht in der Lage zu sein, es zu erreichen. Wenn ich etwas am Essen auszusetzen habe, wirkt die Köchin verwirrt und gekränkt. Sie ist nämlich in der Gao-Gegend dafür bekannt, daß ihre Küche den Europäern schmeckt, und natürlich weiß sie es. Sie hört mir zu und nickt, doch wie jemand, der versucht, eine Geisteskranke zu beruhigen. Ich habe sie im Verdacht, mich genau in diese Schublade zu stecken.

Indem er die kleinsten Einzelheiten des Lebens in seiner Umgebung wahrnimmt und ihnen seine ganze Aufmerksamkeit widmet, gelingt es Tom, die Details zu objektivieren, und so behält er seine Distanz. Er malt alles, was er gerade vor Augen hat, in der Küche, auf dem Markt oder am Flußufer: Gemüse und Obst, das zerteilt wird, das Messer

15

häufig noch im Fruchtfleisch steckend. Badende und Fische aus dem Niger. Ich dagegen habe das Problem, daß mich dieses Leben gegen meinen Willen mitreißt. Ich meine, daß ich gezwungen bin, an einer Art gemeinsamem Bewußtsein teilzuhaben, das ich in Wirklichkeit verabscheue. Ich weiß nichts von diesen Leuten. Sie sind durchweg schwarz, aber ganz anders als »unsere« Schwarzen in den Staaten. Sie sind einfacher, freundlicher und offener, und gleichzeitig sehr distanziert.

Irgendwas stimmt hier nicht mit der Nacht. Folgt man der Logik, so ist die Nacht einfach nur die Zeit, in der die Tür zum Himmel offensteht und man einen Blick auf die Unendlichkeit erhascht, und demnach müßte die Stelle, von der man sie sieht, ohne jede Bedeutung sein. Nacht ist Nacht, ganz gleich, von wo man sie betrachtet. Die Nacht hier unterscheidet sich in nichts von den Nächten anderswo. So schreibt die Logik es vor. Der Tag ist gewaltig und hell, und es ist unmöglich, weiter zu sehen als bis zur Sonne. Ich merke gerade, daß ich mit »hier« nicht etwa meine: »Hier mitten in der Sahara am Ufer des Niger«, sondern »Hier in diesem Haus, in dem ich lebe«. Hier in diesem Haus mit seinen Böden aus festgestampfter Erde, wo die Dienstboten barfuß gehen und man nie jemanden kommen hört, bis er plötzlich im Zimmer steht.

Ich habe versucht, mich an das verrückte Leben hier zu gewöhnen, aber dazu gehört eine Menge, das kannst Du mir glauben. Es gibt viele Zimmer in diesem Haus. Tatsache ist, daß es überwältigend ist, die Zimmer riesig. Und ohne Möbel wirken sie natürlich noch größer. Es gibt keinerlei Mobiliar, bis auf die Matten auf dem Boden, wo wir schlafen, unsere Koffer und die Schränke, wo wir die wenigen Kleider aufhängen, die wir bei uns haben. Es waren diese Schränke, denen wir das Haus verdanken, denn man hatte es als »möbliertes Haus« deklariert, und das trieb die Miete derart in die Höhe, daß niemand es haben wollte. Für unsere Verhältnisse ist es natürlich spottbillig, und das ist weiß Gott auch gut so, ohne Wasser und Strom, ohne einen Stuhl, auf dem man sitzen, einen Tisch, an dem man essen, oder auch nur ein Bett, in dem man schlafen könnte.

Natürlich war mir klar, daß es heiß werden würde, aber ich hatte mir nicht diese Art von Hitze vorgestellt – immer gleich, ohne den geringsten Unterschied zwischen einem Tag und dem nächsten, ohne einen Windhauch. Und vergiß nicht, ohne Wasser, so daß selbst eine Abreibung mit dem Schwamm zu einer ungeheuer schwierigen Prozedur wird. Tom ist ein Engel, was das Wasser angeht. Er überläßt mir fast alles, was wir haben. Er behauptet, Frauen bräuchten mehr als Männer. Ich weiß nicht, ob das eine Beleidigung ist oder nicht, und es ist mir auch egal, solange ich das Wasser haben kann. Er behauptet auch, es sei nicht heiß. Aber es ist heiß. Ich weiß nicht, wie man Celsius in Fahrenheit umrechnet, aber wenn Du es kannst, rechne 46° Celsius in Fahrenheit um, und Du wirst sehen, daß ich recht habe. 46° ist das, was mein Thermometer heute morgen angezeigt hat.

Ich kann nicht sagen, was schlimmer ist, Tag oder Nacht. Bei Tag ist es natürlich ein wenig heißer, wenn auch nicht viel. Man hält hier nichts von Fenstern, so daß das Haus innen dunkel ist, und das gibt einem das Gefühl von Eingeschlossensein. Tom arbeitet sehr viel auf dem Dach in der Sonne. Er behauptet, es mache ihm nichts aus, aber ich kann nicht glauben, daß es gut sein soll. Ich weiß, es wäre mein Untergang, wenn ich da oben sitzen müßte, so wie er, stundenlang, ohne Pause.

Über Deine Frage, wie ich mich nach der Scheidung fühlte, ob ich mir noch ein bißchen was »aus Peter machte«, mußte ich lachen. Was für eine verrückte Frage! Wie sollte ich mir noch etwas aus ihm machen? Im Moment wäre es

17

mir egal, wenn ich bis an mein Lebensende keinen Mann mehr zu Gesicht bekäme. Ich habe die Nase voll von ihrer Heuchelei und hätte nichts dagegen, wenn sie allesamt zur Hölle führen. Ausgenommen Tom natürlich, denn er ist mein Bruder, wenn auch der Versuch, unter diesen Umständen mit ihm zu leben, nicht einfach ist. Doch schon der Versuch, überhaupt hier zu leben, ist schwer. Du kannst Dir nicht vorstellen, wie man sich dabei vorkommt: alles scheint sehr weit weg zu sein.

Die Post funktioniert hier nicht besonders. Wie könnte sie auch? Aber ganz hoffnungslos ist es nicht. Gelegentlich kommen tatsächlich Briefe an, also vergiß nicht, mir zu schreiben. Schließlich ist das Postamt das hiesige Ende der Nabelschnur, die mich mit der Welt verbindet. (Fast hätte ich hinzugesetzt: *und mit der geistigen Gesundheit!*)

Ich hoffe, daß es Dir gutgeht und New York nicht schlimmer geworden ist, als es letztes Jahr war; aber daran glaube ich selbst nicht.

Alles Liebe, und schreib bald,
Anita

V

Zuerst gab es Erinnerungen – kleine, präzise Bilder, zusammen mit den Geräuschen und Gerüchen eines bestimmten Ereignisses in einem bestimmten Sommer. Sie hatten damals nichts bedeutet, doch jetzt kämpfte sie verzweifelt darum, sie festzuhalten, sie zum Leben zu erwecken und nicht wieder in die allumfassende Dunkelheit entgleiten zu lassen, wo die Erinnerung ihre Konturen verlor und durch etwas anderes ersetzt wurde. Die formlosen Gebilde, die auf die Erinnerungen folgten, waren bedrohlich, weil nicht zu entziffern, und jedesmal beschleunigten sich an diesem

Punkt ihr Herzschlag und ihr Atem. »Wie nach Kaffee«, dachte sie, obgleich sie niemals welchen trank. Während sie noch vor wenigen Augenblicken ganz in der Vergangenheit aufgegangen war, fand sie sich jetzt vollkommen vom gegenwärtigen Augenblick umschlossen, Auge in Auge mit einer sinnlosen Furcht. Dann weiteten sich ihre Pupillen und fixierten etwas in der Finsternis nicht Vorhandenes.

Sie mochte das Essen nicht und behauptete, es sei viel zu scharf mit Paprika gewürzt und trotzdem ohne Geschmack.

»Dir ist klar, daß wir die berühmteste Köchin in der Gegend haben«, sagte er.

Das sei schwer zu glauben, entgegnete sie.

Sie aßen auf dem Dach zu Mittag, nicht in der Sonne, sondern im grellen Schein eines weißen Lakens, das über sie gespannt war. Auf ihrem Gesicht lag ein Ausdruck von Widerwillen.

»Das Mädchen, das dich mal heiratet, tut mir leid«, sagte sie plötzlich.

»Das ist doch bloß deine Theorie«, gab er zurück. »Mach dir darüber keine Gedanken. Sie kann sich selbst bemitleiden, wenn sie erst einmal mit mir verheiratet ist.«

»Oh, das wird sie bestimmt tun, da kannst du Gift drauf nehmen.«

Nach einer ziemlich langen Pause sah er sie an.

»Warum bist du auf einmal so streitlustig?«

»Streitlustig? Ich dachte nur daran, wie schwer es für dich ist, Mitgefühl zu zeigen. Du weißt, daß es mir in letzter Zeit nicht allzu gut ging. Aber hast du mir je einen Funken Mitgefühl entgegengebracht?« (Sie fragte sich – zu spät –, ob es gut war, dieses Eingeständnis gemacht zu haben.)

»Dir fehlt überhaupt nichts«, sagte er auf seine übliche schroffe Art.

19

VI

Liebe Peg,

es ist offensichtlich, daß Tom alles in seiner Macht Stehende tut, um zu vermeiden, daß ein Tag haargenau so verläuft wie der andere. Er arrangiert einen Spaziergang hinunter zum Fluß oder einen Ausflug in die »Stadt«, wie er die nichtssagende Ansammlung von Hütten um den Markt nennt. Egal, wohin wir gehen, er erwartet, daß ich Fotos schieße. Manchmal macht es Spaß. Meistens ist es ermüdend. Es liegt auf der Hand, daß er all das tut, damit ich mich nicht langweile, mit anderen Worten, es ist eine Art Therapie, und das wiederum heißt, daß er befürchten muß, ich sei dabei, verrückt zu werden. Ich finde das ziemlich lästig. Es bedeutet, daß es etwas zwischen uns gibt, das nicht ausgesprochen werden darf. Es ist peinlich und sorgt für Spannungen. Ich wäre gern in der Lage, ihm einfach ins Gesicht zu sagen: »Keine Angst. Ich werde schon nicht überschnappen.« Aber ich kann mir ganz gut vorstellen, welch katastrophale Wirkung ein solch offenes Wort haben würde. Für ihn wäre es nur der Beweis, daß ich mir über meine geistige Stabilität nicht sicher bin, und natürlich ist alles, was er braucht, um ihm sein Jahr hier zu verderben, eine hysterische Schwester. Doch warum stellt sich diese Frage nach meiner Gesundheit überhaupt? Wahrscheinlich habe ich einfach panische Angst, er könne auf die Idee kommen, daß ich nicht in bester Form bin. Die Vorstellung, eine Spielverderberin zu sein, oder die Möglichkeit, daß er mich für eine halten könnte, ist mir unerträglich.

Gestern gingen wir am Flußufer entlang, Tom und ich. Ein breiter Streifen rissiger Erde. Er versucht, mich dazu zu bewegen, näher am Wasser zu gehen, wo die Erde weicher ist, und sagt, mit nackten Füßen sei es einfacher. Der Himmel weiß, welche Parasiten sich in diesem Wasser tummeln. Ich finde es schon gefährlich genug, hier überhaupt mit bloßen Füßen herumzulaufen, auch ohne daß ich ins Wasser gehe. Tom wird sehr schnell ungeduldig, wenn ich vorsichtig bin. Er behauptet, das sei einfach ein Teil meiner allgemein negativen Einstellung dem Leben gegenüber. Da ich an seine kritischen Bemerkungen gewöhnt bin, prallen sie an mir ab. Eine Sache aber hat er gesagt, die mir nicht mehr aus dem Kopf ging, und zwar, daß extreme Ichbezogenheit unausweichlich Unzufriedenheit und gesundheitliche Probleme zur Folge habe. Es ist klar, daß er mich für einen Ausbund an Egozentrik hält. Daher habe ich ihn heute, als ich aufs Dach kam, darauf angesprochen. Unsere Unterhaltung verlief etwa so:

»Du scheinst den Eindruck zu haben, daß ich unfähig bin, mich für irgend etwas anderes zu interessieren als mich selbst.«

»Ja. Diesen Eindruck habe ich wirklich.«

»Deswegen brauchst du noch lange nicht so selbstgefällig zu sein.«

»Da wir einmal mit dem Thema angefangen haben, können wir es genausogut fortsetzen. Also raus damit, wofür interessierst du dich?«

»Wenn man dir die Pistole auf die Brust setzte, hättest du auch Schwierigkeiten, zu antworten, weißt du.«

»Aber merkst du denn nicht, was das bedeutet? Dir fällt nichts ein. Und zwar, weil du keine Interessen hast. Offensichtlich weißt du nicht, daß Interesse vortäuschen echtes Interesse wecken kann. Wie das alte Sprichwort der Franzosen sagt: ›Liebe kann dadurch entstehen, daß man die Gesten der Liebe vollzieht.‹«

»Dann glaubst du also, daß die Rettung im Vortäuschen liegt?«

»Ja, und zwar ernsthaft. Du hast dir noch nie meine

21

Arbeiten angesehen, geschweige denn dir Gedanken darüber gemacht.«

»Ich habe mir alles angesehen, was du hier gemalt hast.«

»Angesehen. Aber gesehen?«

»Wie soll ich deine Gemälde gut finden können? Ich habe nun mal keinen Blick für so was, das weißt du.«

»Mir ist es egal, ob du sie gut findest oder sie dir auch nur gefallen. Wir reden nicht über meine Bilder. Wir reden über dich. Das ist nur ein kleines Beispiel. Du könntest dich auch für die Dienstboten und ihre Familien interessieren. Oder dafür, wie die Bauweise in der Stadt sich den Erfordernissen des Klimas angepaßt hat. Ich weiß, das ist ein ziemlich lächerlicher Vorschlag, aber es gibt tausend Dinge, um die man sich kümmern könnte.«

»Ja, vorausgesetzt, sie interessieren einen. Andernfalls ist es schwierig.«

Ich wußte (oder fühlte ziemlich sicher), daß ich mich auf etwas Unangenehmes einließ, als ich zustimmte, herzukommen. Mir fällt gerade auf, daß ich es jetzt so darstelle, als wäre etwas Schreckliches passiert, dabei ist in Wirklichkeit überhaupt nichts passiert. Hoffen wir, daß es so bleibt.

Alles Liebe,
Anita

VII

Hallo, Ross! Beiliegend der Blick nach Süden vom Dach aus. Es ist wirklich nicht mehr als ein großes Nichts. Doch merkwürdig, welche Bedeutung ein einzelner Mensch in solch einer gewaltigen Landschaft erhält. Es ist keine Gegend, die ich jemandem empfehlen würde. Ich habe sie nicht einmal Anita empfohlen; sie ist einfach gekommen. Ich glaube,

22

daß sie hier glücklich ist – das heißt, soweit man bei ihr überhaupt von Glück sprechen kann. An manchen Tagen ist sie reizbarer als sonst, aber das nehme ich nicht zur Kenntnis. Allerdings glaube ich kaum, daß ihr das einsame Leben hier gefällt. Zu dumm, daß sie sich das nicht überlegt hat, bevor sie gekommen ist. Ich selbst tue kaum etwas anderes als arbeiten. Mein Gefühl sagt mir, daß es gut läuft. Wahrscheinlich könnten mich jetzt keine zehn Pferde mehr davon abbringen.

VIII

Eines Morgens, als sie ihr Frühstück beendet und das Tablett auf den Fußboden neben das Bett gestellt hatte, lief sie hinauf aufs Dach, um ein bißchen Sonne und frische Luft zu tanken. Normalerweise stieg sie bewußt nicht hinauf, weil Tom dort den größten Teil des Tages verbrachte. Im allgemeinen arbeitete er nicht, sondern saß einfach nur da. Als sie einmal so unbedacht gewesen war, zu fragen, was er machte, hatte er, statt zu antworten »mit der Natur kommunizieren« oder »meditieren«, wie andere, von sich eingenommene Maler es getan hätten, gesagt: »Ideen sammeln.« Diese Offenheit war gleichbedeutend mit dem Wunsch nach Ungestörtheit; daher respektierte sie seine Privatsphäre und betrat das Dach nur selten. Doch diesmal schien es ihm nichts auszumachen. »Heute morgen habe ich zum ersten Mal den Ruf zum Gebet gehört«, sagte sie zu ihm. »Es war noch dunkel.«

»Ja, manchmal kann man ihn hören«, antwortete er, »wenn es keine anderen Geräusche gibt, die ihn übertönen.«

»Es war irgendwie tröstlich. Es gab mir das Gefühl, daß alles unter Kontrolle ist.«

Er schien nicht darauf zu achten. »Hör mal, Nita, du könntest mir einen großen Gefallen tun. Willst du?«

»Ja, sicher«, sagte sie, ohne die geringste Ahnung, was als nächstes kommen würde. Es mußte etwas sein, auf das sie nie gekommen wäre, seiner ungewöhnlichen Einleitung nach zu schließen.

»Könntest du in die Stadt gehen und ein paar Filme kaufen? Ich will noch viel mehr Fotos machen. Du weißt ja, Mutter hat nach Bildern von uns beiden zusammen gefragt. Ich habe eine Menge Fotos, aber nicht von uns. Ich würde selbst gehen, aber ich habe die Zeit nicht. Es ist noch nicht neun Uhr. Der Laden, der Filme verkauft, liegt auf der anderen Seite des Markts. Er macht nicht vor zehn zu.«

»Aber Tom, du scheinst zu vergessen, daß ich mich hier überhaupt nicht auskenne.«

»Na gut, dann wird Sekou mit dir gehen. Du kannst dich nicht verlaufen. Sag ihnen, du willst schwarzweiß.«

»Ich weiß, daß Mutter lieber Farbbilder hätte.«

»Du hast recht. Alte Leute und Kinder mögen Farbe lieber. Kauf zwei Farbfilme und zwei schwarzweiße. Sekou erwartet dich an der Vordertür.«

Es war ihr lästig, daß sie einen Führer brauchte, der sie zu dem Laden brachte, und noch mehr, daß der Führer der Schwarze sein mußte, von dem sie bereits entschieden hatte, daß er ihr nur Feindseligkeit entgegenbrachte. Aber es war noch früh, und die Luft auf der Straße würde relativ frisch sein.

»Nur geh nicht in diesen Sandalen«, sagte Tom noch und fuhr mit seiner Arbeit fort, ohne aufzusehen. »Zieh dir dicke Socken an und vernünftige Schuhe. Weiß der Himmel, welche Krankheitserreger im Staub sitzen.«

So stand sie mit vorgeschriebener Fußbekleidung an der Tür, und Sekou kam über den Hof und begrüßte sie auf französisch. Sein breites Lächeln ließ sie denken, daß sie

24

sich vielleicht getäuscht hatte und er ihr ihre Anwesenheit im Haus letztlich nicht verübelte. Und wennschon, dachte sie trotzig. Es gab Grenzen dafür, wie sehr man sein Ego verleugnen konnte. Jenseits davon wurde das ganze Spiel der Selbstlosigkeit verächtlich. Sie wußte, daß sie sich immer dagegen wehren würde, eine »Persönlichkeit« zu sein. Es war viel einfacher, sich hinter der Neutralität zu verstecken, selbst wenn die Möglichkeit einer Konfrontation gar nicht gegeben war. Schließlich war es unmöglich, sich über jede Reaktion eines afrikanischen Dienstboten den Kopf zu zerbrechen. Denn trotz allem, was Tom ihr erzählt hatte, hielt sie Sekou noch immer für eine Art Diener – ein Faktotum, womöglich mit dem Format eines Hofnarren.

Es war völlig verrückt, was sie hier tat, an der Seite dieses hochgewachsenen schwarzen Mannes die Hauptstraße des Ortes entlangzugehen. Ein unpassendes Paar, weiß Gott. Bei der Vorstellung, in diesem Augenblick fotografiert zu werden, mußte sie lächeln. Sollte sie den Abzug eines solchen Fotos an ihre Mutter schicken, wäre ihr die Antwort mehr oder weniger schon im voraus klar. »Der Gipfel an Exotik.« Sie dagegen empfand diese Straße weder als exotisch noch als pittoresk: sie war nur staubig und armselig.

»Vielleicht versucht er, Konversation zu machen«, dachte sie, fest entschlossen, so zu tun, als verstünde sie kein Wort. So würde sie nur lächeln und den Kopf schütteln müssen. Plötzlich sagte er etwas, das sie, da sie bereits beschlossen hatte, daß es keine Worte zwischen ihnen geben würde, nicht mitbekam. Einen Augenblick später hörte sie im Geiste seinen Satz mit dem Tonfall einer Frage noch einmal und begriff, was er gesagt hatte: »Tu n'as pas chaud?« Er hatte seinen Schritt verlangsamt, wartete auf ihre Antwort.

Ach, was soll's, dachte sie und beantwortete seine Frage,

25

wenn auch indirekt. Statt zu sagen, »Ja, mir ist heiß«, sagte sie: »Es ist heiß.«

Jetzt blieb er ganz stehen und deutete auf eine improvisierte Ecke zwischen aufgestapelten Kisten zu ihrer Linken, in die man einen Tisch und zwei Stühle gestellt hatte. Ein großes Schild lag quer darüber und bildete ein einladend schattiges Plätzchen, das rasch unwiderstehlich wurde, hatte man erst die Möglichkeit, einzutreten und sich hinzusetzen, ins Auge gefaßt.

Geradezu zwanghaft kehrten ihre Gedanken zu ihrer Mutter zurück. Wie hätte sie reagiert, wenn sie ihre Tochter neben einem schwarzen Mann in diesem finsteren kleinen Unterschlupf hätte sitzen sehen können? »Wenn er sich an dir vergreift, hast du es dir selbst zuzuschreiben. Du forderst das Schicksal ja geradezu heraus. Man kann solche Leute nicht wie seinesgleichen behandeln. Sie verstehen es nicht.«

Sie tranken Pepsi Cola, erstaunlich kalt, aber ungewöhnlich süß. »Ah«, sagte sie dankbar.

Sekous fließendes Französisch brachte sie in Verlegenheit. Wie ist das möglich? dachte sie mit einer gewissen Entrüstung. Das Bewußtsein ihrer eigenen holprigen Französischkenntnisse machte es noch schwieriger, sich zu unterhalten. In den leeren Augenblicken, in denen keiner von beiden etwas zu sagen hatte, trat das Schweigen nur um so deutlicher und für sie peinlicher hervor. Die Geräusche von der Straße – Schritte im Sand, spielende Kinder, hin und wieder Hundegebell – wurden merkwürdigerweise von den Kistenstapeln und der Abschirmung über ihnen gedämpft. Es war eine erstaunlich ruhige Stadt, dachte sie. Seit sie das Haus verlassen hatten, war nicht ein einziges Automobil zu hören gewesen, nicht einmal in der Ferne. Doch nun, da sie sich ihres Lauschens bewußt wurde, konnte sie das weit entfernte Heulen und Dröhnen eines Motorrads unterscheiden, Geräusche, die sie nicht ausstehen konnte.

26

Sekou stand auf und bezahlte. Das hatte eigentlich sie tun wollen, aber nun schien es ganz ausgeschlossen. Sie dankte ihm. Dann standen sie wieder auf der Straße, und die Luft war heißer denn je. In diesem Augenblick fragte sie sich, warum sie Tom bloß erlaubt hatte, sie auf diesen lächerlichen Botengang zu schicken. Es wäre viel besser gewesen, in die Küche zu gehen und die Köchin zu bitten, keine gebratenen Kartoffeln mehr zu servieren. Die Frau schien Kartoffeln, ganz gleich, in welcher Form, für ein äußerst schmackhaftes Gericht zu halten, aber die, die man hier bekam, eigneten sich nicht zum Kochen, allenfalls wenn man Püree daraus machte. Sie hatte dies Tom gegenüber bei mehreren Gelegenheiten erwähnt, doch er war der Ansicht, daß Püree mehr Arbeit für Johara bedeutete und sie sich höchstwahrscheinlich mit der Prozedur der Zubereitung nicht auskannte, so daß das Resultat noch weniger verlockend sein würde als das, was sie ihnen sonst vorsetzte.

Das nervenaufreibende Heulen des Motorrads, das sie an eine Sirene erinnerte, klang jetzt deutlich näher. Es kommt auf uns zu, dachte sie. Hoffentlich schaffen wir es bis zum Markt, bevor es auftaucht. Sie war einmal mit Tom hingegangen, um einzukaufen, und erinnerte sich an die Kolonnaden und Säulen. Dort käme kein Motorrad durch. »Wo ist der Markt?« fragte sie einen Augenblick später. Sekou machte eine Geste. »Da vorn.«

Jetzt wurde die drachenähnliche Maschine sichtbar, weit entfernt auf der langen Straße, holpernd und eine Staubwolke aufwirbelnd, die ihr teilweise vorauszueilen schien. Selbst aus dieser Entfernung konnte sie sehen, wie Fußgänger zur Seite sprangen.

Der Lärm schien ihr unerträglich laut. Sie verspürte den Impuls, sich die Ohren zuzuhalten, wie ein Kind. Das Ding kam näher. Es kam genau auf sie zu. Sie machte einen Satz

27

zum Straßenrand, genau in dem Moment, als der Motorradfahrer bremste, um nicht mit Sekou zusammenzustoßen. Er hatte sich geweigert, wegzuspringen und dem Aufprall auszuweichen. Das auffällige Fahrzeug lag im Schmutz, begrub teilweise die bloßen Arme und Beine seiner Passagiere unter sich. Zwei halbnackte Jugendliche rappelten sich auf, rote und gelbe Helme in der Hand. Sie starrten Sekou wütend an und riefen ihm etwas zu. Sie war nicht überrascht, Amerikanisch zu hören.

»Bist du blind?«

»Da hast du noch mal Schwein gehabt, Mistkerl. Du hättest tot sein können.«

Als Sekou ihnen keine Beachtung schenkte, sondern einfach weiterging, wurden sie ausfallend.

»Blöder Angeber, typisch Nigger.«

Sekou ignorierte die beiden mit unnachahmlicher Würde.

Anita lief wieder auf die Straße und baute sich vor ihnen auf. »Wenn wir schon davon sprechen, wen ihr mit eurem unmöglichen Gefährt hättet umlegen können, dann bin ich wohl die erste auf der Liste. Ihr seid genau auf mich zugefahren. Müßt ihr unbedingt Panik verbreiten? Fühlt ihr euch besser, wenn ihr Leuten Angst einjagt?«

»Tut uns leid, wenn wir Ihnen angst gemacht haben, Ma'am. War nicht unsere Absicht.«

»Ich wette, daß es nicht eure Absicht war.« Ihr anfänglicher Schrecken hatte sich in Empörung verwandelt. »Ich wette, alles, was ihr im Kopf habt, ist ein riesengroßes Loch.« Sie hatte die Entschuldigung überhört. »Ihr habt euch zu weit von zu Hause entfernt, Freunde, und das wird euch noch einigen Ärger bescheren.«

Höhnisches Grinsen. »Ach ja?«

Sie spürte, wie der Zorn in ihrem Inneren aufwallte. »O ja!« rief sie. »Und ich hoffe, daß ich das Glück habe, es

28

mitzuerleben.« Einen Augenblick später murmelte sie: »Ungeheuer.«

Sekou, der die beiden keines Blickes gewürdigt hatte, blieb jetzt stehen und wandte den Kopf, um zu sehen, ob sie kam. Als sie ihn eingeholt hatte, bemerkte er, ohne sie anzusehen, Touristen seien immer so beschränkt.

Sie kamen zu dem Laden, der Filme verkaufte, und sie bemerkte überrascht, daß er von einer Französin mittleren Alters geführt wurde. Wäre Anita nicht so außer sich gewesen vor Wut und Aufregung, hätte sie die Frau gern in ein Gespräch verwickelt, hätte sie gefragt, wie lange sie schon hier lebte und wie ihr Leben aussah. Doch es schien nicht der richtige Augenblick für solch eine Geste.

Als sie in der zunehmenden Hitze nach Hause zurückkehrten, war von der Höllenmaschine weder etwas zu sehen noch zu hören. Ihr fiel auf, daß Sekou ein wenig humpelte, und sie betrachtete ihn genauer. Der untere Teil seines Gewandes war blutbeschmiert, und da ging ihr auf, daß das Motorrad sein Bein gestreift hatte. Ihr taxierender Blick schien ihn zu verstimmen; sie konnte sich nicht zu der Aufforderung überwinden, ihr die Wunde zu zeigen oder auch nur davon zu sprechen.

IX

Beim Mittagessen vermied sie es, den Motorradunfall zu erwähnen.

»Es war nicht zu weit, nicht?«

»Es war heiß«, gab sie zurück.

»Ich habe nachgedacht«, sagte Tom nach einer Weile. »Man könnte dieses Haus ziemlich billig kaufen. Es würde sich lohnen. Ich hätte nichts dagegen, regelmäßig herzukommen.«

29

»Du mußt verrückt sein«, rief sie aus. »Du könntest hier nie richtig leben. Es ist ein unbequemes, provisorisches Lager, weiter nichts. Im übrigen ist alles, was du in der dritten Welt kaufst, schon verloren, noch bevor du dafür bezahlt hast. Das weißt du. Mieten ist das einzig Vernünftige. Wenn die Dinge anfangen, sich zu überschlagen, ist man wenigstens ungebunden.«

Johara stand neben ihr und bot ihr ein zweites Mal Zwiebeln in Rahmsauce an. Sie bediente sich.

»Nicht immer überschlagen sich die Dinge«, sagte Tom.

»Oh doch, das tun sie!« rief sie. »In diesen Ländern? Es ist unausweichlich.« Nach einer Weile fuhr sie fort: »Nun, mach, was du willst. Viel kannst du nicht verlieren.«

Beim Obst sagte Anita plötzlich: »Ich habe letzte Nacht von Mutter geträumt.«

»So?« fragte Tom ohne großes Interesse. »Was hat sie gemacht?«

»Oh, ich kann mich nicht mal dran erinnern. Doch als ich aufwachte, fing ich an, über sie nachzudenken. Du weißt ja selbst, daß sie noch nie Sinn für Humor hatte, und trotzdem konnte sie sehr komisch sein. Ich weiß noch, wie sie einmal ein sehr aufwendiges Abendessen gab, und plötzlich wandte sie sich an dich und fragte: ›Wie alt bist du, Tom?‹ Und du hast geantwortet: ›Sechsundzwanzig.‹ Sie schwieg einen Moment und sagte dann: ›Als William der Schweiger in deinem Alter war, hatte er bereits halb Europa erobert.‹ Und es klang so entrüstet, daß alle Anwesenden in Gelächter ausbrachen. Erinnerst du dich? Ich finde es immer noch komisch, obwohl sie es bestimmt nicht darauf angelegt hatte.«

»Da wäre ich mir nicht so sicher. Ich glaube, sie spielte für die Galerie. Natürlich konnte sie nicht selbst lachen. Dafür war sie zu würdevoll. Aber andere zum Lachen zu bringen, machte ihr nichts aus.«

X

An einem anderen Tag saßen sie auf dem Fußboden in Toms Zimmer und frühstückten. Die Köchin hatte ihnen gerade frischen Toast gebracht.

»Ich hätte Lust, ein paar Meilen am Fluß entlangzufahren und mir das nächste Dorf anzusehen«, sagte Tom und bedeutete der Köchin zu bleiben. »Wie wär's? Ich könnte Bessiers alten Laster mieten. Hast du Lust?«

»Ich bin dabei«, sagte sie. »Die Straße ist gerade und eben, nicht wahr?«

»Wir können uns nicht verfahren. Und auch nicht im Sand steckenbleiben.«

»Gibt es dort etwas Besonderes, das du dir ansehen willst?«

»Ich brauche nur mal was anderes. Schon die kleinste Abwechslung bringt mich auf alle möglichen neuen Einfälle.«

Sie vereinbarten, am nächsten Tag zu fahren. Als er Johara bat, ihnen ein *casse-croûte* vorzubereiten, und sie hörte, daß sie vorhatten, nach Gargouna zu fahren, wurde sie ganz aufgeregt. Ihre Schwester lebte dort, erzählte sie und gab Tom Instruktionen, wie er deren Haus finden konnte, und ein paar Nachrichten, von denen sie hoffte, daß er sie ausrichten würde.

Der kleine Lastwagen hatte keine Fahrerkabine. Der Luftzug, den sie verursachten, diente ihnen zugleich als Kühlung. Es war erfrischend, in der frühen Morgenluft am Flußufer entlangzufahren. Die Straße war vollkommen eben, ohne Schlaglöcher oder sonstige Hindernisse.

»Jetzt ist es schön so«, sagt Tom, »aber das wird sich ändern, wenn wir zurückfahren. Dann ist nichts mehr zwischen uns und der Sonne.«

31

»Wir haben unsere Topis«, erinnerte sie ihn und warf einen Blick auf die beiden Helme, die auf dem Sitz zwischen ihnen lagen. Sie hatte einen starken Feldstecher dabei, den sie im vergangenen Jahr in Kobe gekauft hatte. Trotz der Fahrt hielt sie ihn auf den Fluß gerichtet, wo Männer fischten und Frauen badeten.

»Schön, nicht?« sagte Tom.

»Jedenfalls sehen all die schwarzen Körper viel besser aus, als wenn sie weiß wären.«

Ihr Enthusiasmus war gedämpft, trotzdem schien er sich darüber zu freuen. Er wünschte sich so sehr, daß ihr das Nigertal gefiel. Doch im Augenblick konzentrierte er sich darauf, die Straße nicht zu verpassen, die linker Hand abzweigte und nach Gargouna führte. »Fünfzig Kilometer, mehr oder weniger«, murmelte er. Und erklärte kurz darauf: »Hier ist es, aber den Sand will ich lieber nicht riskieren.« Er bremste und schaltete den Motor aus. Die Stille war überwältigend. Sie saßen da, ohne sich zu rühren. Gelegentlich drang vom Fluß ein Ruf zu ihnen herauf, doch in der offenen, weiten Landschaft klangen die Stimmen wie Vogelschreie.

»Einer von uns muß beim Wagen bleiben, und das bist du.« Tom sprang herunter. »Ich gehe zu Fuß und versuche, das Dorf und Joharas Schwester zu finden. Mehr als zehn Minuten kann es nicht dauern. Das wirst du doch schaffen, oder?«

Sie waren seit der Abfahrt keinem anderen Wagen begegnet. »Wir stehen mitten auf der Straße«, erinnerte sie ihn.

»Ich weiß, aber wenn ich rechts ranfahre, komme ich in den Sand, und das will ich lieber vermeiden. Wenn es dich nervös macht, steig aus und lauf etwas herum. Es ist noch nicht heiß.«

Sie hatte keine Angst, allein zurückzubleiben, aber sie war nervös. Dies wäre für Tom die Gelegenheit gewesen, einen der zahlreichen Männer mitzunehmen, die ihre Tage damit zubrachten, in der Küche herumzusitzen. Plötzlich fiel ihr auf, daß sie Sekou seit dem Tag des Motorradunfalls nicht mehr gesehen hatte, und fragte sich, wie stark sein Bein oder Fuß verletzt war. In Gedanken noch bei ihm, stieg sie aus und fing an, den Weg entlangzugehen, den Tom genommen hatte. Sie konnte ihn nicht mehr sehen, weil es überall niedrige Dünen gab, die gelegentlich mit dornigen Sträuchern bewachsen waren. Sie überlegte, warum der Himmel hier nicht wirklich blau sein konnte, sondern immer einen grauen Schleier trug.

Im Glauben, einen Blick auf Gargouna erhaschen zu können, kletterte sie auf einen der kleinen Sandhügel, der jedoch nur eine Aussicht auf noch größere Dornensträucher bot. Ihr lag plötzlich eine Menge daran, das Dorf zu sehen; sie konnte es sich vorstellen – eine Gruppe von runden, ziemlich weit auseinanderstehenden Hütten, jede von einem gesäuberten Stückchen Erde umgeben, wo Hühner im Sand pickten. Sie wandte sich nach rechts, wo die Dünen ein wenig höher wirkten, und folgte einer Art Pfad, der über und um sie herum führte. Zwischen den Dünen lagen kleine Täler, manche davon ziemlich tief. Die Dünenkämme schienen parallel zueinander zu verlaufen, so daß es schwierig war, von einer Düne zur nächsten zu gelangen, ohne hinabsteigen und gleich darauf wieder hinaufklettern zu müssen. Eine Düne, nicht weit entfernt, schien alle anderen zu überragen; sie war sicher, daß sie von dort den auf der Straße wartenden Lastwagen sehen könnte. Sie stieg hinauf und blieb auf der Kuppe stehen, ein bißchen außer Atem. Mit Hilfe des Feldstechers sah sie, daß der Lastwagen noch da war. Weiter links in einiger Entfernung standen ein paar kahle Bäume. Das Dorf mußte in dieser Richtung liegen. Als ihr Blick einer Vertiefung zwischen zwei Dünen folgte, entdeckte sie plötzlich etwas, das ihr Herz schneller schla-

33

gen ließ, ein absurdes Gebilde aus Chrom und zinnoberrotem Lack. Es gab große Felsbrocken dort unten; das Motorrad war ins Schleudern geraten und hatte die sonnengebräunten Körper gegen den Stein geschmettert. Die Maschine war grotesk verdreht, und die beiden Körper lagen übereinander, über und über mit Blut verschmiert. Sie waren außerstande, um Hilfe zu rufen; sie lagen reglos da, am Hang, unsichtbar für jedermann, es sei denn, er befand sich genau dort, wo sie jetzt stand. Sie machte kehrt und rannte schnell den Hügel hinab. »Ungeheuer«, sagte sie, doch ohne Entrüstung.

Sie saß im Lastwagen, als Tom zurückkam. »Hast du Joharas Schwester gefunden?«

»O ja. Es ist ein winziges Dorf. Klar, daß hier jeder jeden kennt. Laß uns essen. Hier oder unten am Ufer?«

Ihr Herz schlug noch immer rasch und heftig. »Laß uns runtergehen zum Fluß. Vielleicht geht dort ein Lüftchen.« Sie war erstaunt, als ihr jetzt aufging, daß ihre erste Reaktion beim Anblick des Motorradwracks Erleichterung gewesen war. Sie spürte noch immer den kleinen Schauer der Erregung, der sie in diesem Augenblick gepackt hatte. Als sie am Ufer entlanggingen, war sie insgeheim dankbar, daß sie Tom gegenüber die Konfrontation mit den beiden Amerikanern nie erwähnt hatte.

XI

»Schläfst du jetzt besser?« fragte Tom sie.

Sie zögerte. »Nicht wirklich.«

»Was meinst du damit, nicht wirklich?«

»Ich habe ein Problem«, seufzte sie.

»Ein Problem?«

»Ach, ich kann es dir ruhig erzählen.«

34

»Sicher.«

»Tom, ich glaube, Sekou kommt nachts in mein Zimmer.«

»Was?« rief er aus. »Du bist ja verrückt. Was soll das heißen, er kommt nachts in dein Zimmer?«

»Genau das.«

»Was macht er? Sagt er irgend etwas?«

»Nein, nein. Er steht einfach nur im Dunkeln neben meinem Bett. Jede Nacht.«

»Das ist doch lächerlich.«

»Ich weiß.«

»Hast du ihn je gesehen?«

»Wie könnte ich? Es ist stockdunkel.«

»Du hast doch eine Taschenlampe.«

»Oh, das würde mir noch mehr Angst einjagen als alles andere. Sie anzuknipsen und ihn tatsächlich zu sehen. Weiß der Teufel, was er machen würde, wenn er erst wüßte, daß ich ihn gesehen habe.«

»Er ist kein Verbrecher. Herrgott, warum bist du bloß so verdammt nervös? Du bist hier sicherer als irgendwo in New York.«

»Das glaube ich dir«, sagte sie. »Aber das ist nicht der Punkt.«

»Was *ist* denn der Punkt? Du glaubst, er kommt und steht neben deinem Bett. Warum sollte er das tun?«

»Das ist das Schlimmste von allem. Ich kann es dir nicht sagen. Es ist zu schrecklich.«

»Warum? Glaubst du, er hat vor, dich zu vergewaltigen?«

»O nein! Nichts dergleichen. Ich habe das Gefühl, er *zwingt* mich zu träumen. Er zwingt mich, einen Traum zu träumen, den ich nicht aushalte.«

»Einen Traum über ihn?«

»Nein. Er kommt nicht mal drin vor.«

Tom verlor allmählich die Geduld. »Was soll das? Worüber reden wir hier eigentlich? Du sagst, Sekou will, daß du

35

einen bestimmten Traum hast, und du hast ihn. Und dann kommt er die nächste Nacht, und du hast Angst, daß du den Traum wieder haben wirst. Was glaubst du, warum er das macht? Ich meine, welches Interesse sollte er daran haben?«

»Ich weiß es nicht. Das macht es nur noch schrecklicher. Ich weiß, du hältst das Ganze für lächerlich. Oder glaubst, daß ich mir alles nur einbilde?«

»Nein, das sage ich nicht. Aber da du nie etwas gesehen hast, wie kannst du dann sicher sein, daß es Sekou ist und nicht irgend jemand anderes?«

Später am gleichen Tag fragte er sie: »Anita, nimmst du Vitamine?«

Sie lachte. »Lieber Himmel, ja. Dr. Kirk hat mir alles mögliche mitgegeben. Vitamine und Minerale. Er sagte, der Erdboden hier würde wahrscheinlich nicht genug Mineralsalze haben. Oh, du denkst bestimmt, mit meinem Chemiehaushalt sei etwas nicht in Ordnung, und das sei der Grund für die Träume. Könnte sein. Aber es ist nicht der Traum selbst, der mir angst macht. Obwohl er weiß Gott zu widerlich ist, um ihn zu erzählen.«

»Ist es ein sexueller Traum?« unterbrach er sie.

»Wenn ja, wäre alles viel einfacher. Die Sache ist, ich kann ihn nicht beschreiben.« Sie schauderte. »Er ist zu verwirrend. Und mir wird schlecht, wenn ich nur daran denke.«

»Vielleicht solltest du mich zu deinem Analytiker machen. Was passiert in dem Traum?«

»Nichts passiert. Ich weiß nur, daß etwas Entsetzliches im Gang ist. Aber wie gesagt, es ist nicht der Traum an sich, der mich beunruhigt. Vielmehr die Gewißheit, daß ich mich nicht gegen die Gewißheit wehren kann, daß der schwarze Mann dasteht und ihn erfindet und mich hineinzwingt. Das ist einfach zu viel.«

36

XII

Ein Holzschild über einer Holztür, und darauf die Worte *Yindall und Fambers, Apotheker.* Drinnen ein Ladentisch und dahinter ein muskulöser junger Mann. Auf den ersten Blick wirkt er nackt, doch er trägt rotblaue Shorts. Statt zu sagen »Hi, ich bin Bud«, sagt er: »Ich bin Mr. Yindall. Kann ich Ihnen behilflich sein?« Die Stimme ist trocken und grau.

»Ich hätte gern eine kleine Flasche Sweet Spirits of Nitre und eine Packung Slippery Elm Pastillen.«

»Sofort.« Aber irgend etwas stimmt nicht mit seinem Gesicht. Er wendet sich ab, um ins Hinterzimmer zu gehen, zögert. »Sie sind nicht gekommen, um Mr. Yindall zu sehen, oder?«

»Aber Sie sagten, Sie wären Mr. Yindall.«

»Er ist manchmal etwas durcheinander. Er läßt aus Prinzip niemanden ein.«

»Ich habe nicht gesagt, daß ich ihn sehen will.«

»Aber Sie wollen es.« Er langt über den Ladentisch, und eine stählerne Hand packt zu. »Er wartet im Keller. Fambers am Apparat.«

»Ich möchte Mr. Yindall nicht sehen, vielen Dank.«

»Zu spät.«

Ein Teil des Ladentisches ist aufklappbar. Er öffnet ihn, um sie durchzulassen, die stählerne Hand verstärkt ihren Druck.

Protest den ganzen Weg über bis zum Keller. Ein Thron aus Chrom an einer Wand, funkelnd im Schein der auf ihn gerichteten Scheinwerfer. Zwei muskulöse, aus den Schultern eines Mannes wachsende Oberschenkel, die Beine angewinkelt. Zwischen den Schenkeln ein dicker Hals, der Kopf abgetrennt. Schlaffe, von den Hüften herabhängende Arme, zuckende Finger.

37

»Das ist Mr. Fambers. Er kann Sie selbstverständlich nicht sehen. Man mußte den Kopf entfernen; er war im Weg. Doch sein Hals ist mit hochempfindlichem Protoplasma gefüllt. Wenn Sie hineinbeißen oder auch nur daran knabbern, stellen Sie augenblicklich Kontakt her. Beugen Sie sich einfach drüber und legen Sie den Mund auf den Hals.«

Die stählerne Hand führt. Die Substanz im Inneren des Halses fühlt sich an wie aufgeweichtes Brot, der leichte Schwefelgeruch erinnert an Steckrüben.

»Stecken Sie die Zunge rein. Nicht würgen!«

Bei der ersten Berührung der Zunge fängt die Substanz im Hals an zu pulsieren, sprudelt, spritzt eine warme Flüssigkeit empor.

»Das ist nur Blut. Ich glaube, Sie sollten eine Weile hierbleiben.«

»Nein, nein, nein, nein!« Wälzt sich in ihrem eigenen Erbrochenen auf dem Boden.

»Nein, nein, nein!« Versucht, das Blut von den Lippen und aus dem Gesicht zu wischen.

Tiefer, tiefer, trotz des Blutes, trotz des Erbrochenen, in den daunenweichen Fußboden. Nur dieser Rübengestank in einem luftlosen Loch. Würgend, denn sie wäre fast erstickt, stieg sie aus der Tiefe auf und sog tief die offene schwarze Luft ringsum ein, angeekelt von dem Traum, überzeugt, daß er sich wiederholen würde, zu Tode erschreckt aber vor allem bei der Vorstellung, daß die Befehle, die diesem Phänomen zugrunde lagen, von außen stammten, aus einem anderen Bewußtsein. Das war unannehmbar.

XIII

Tom fand ihre Argumentation absurd. »Du hattest einen Alptraum, und darüber zerbricht man sich nicht den Kopf. Und diese verrückte Idee, daß Sekou oder sonst jemand deine Träume kontrolliert, ist reine Paranoia. Dafür gibt es nicht den geringsten Grund. Siehst du das nicht ein?«

»Ich sehe, daß *du* das glaubst, ja.«

»Ich bin überzeugt, wenn du erst einmal anfängst, darüber zu sprechen, wird es dich nicht länger quälen.«

»Mir wird übel, wenn ich nur daran denke.«

Das stetige Dröhnen der Lampe, die zwischen ihnen auf dem Boden stand, provozierte Anita. »Sie ist zu hell, zu laut und zu heiß«, rief sie aus.

»Achte nicht darauf. Vergiß sie einfach.«

»Das ist nicht so einfach.«

»Du weißt ganz genau, wenn ich sie runterdrehe, kann man kaum noch was sehen.«

Einen Augenblick später sagte sie: »Dieses Gemüse hier ist wirklich erbärmlich. Ich verstehe dich nicht. Du malst praktisch nichts anderes als Essen, und trotzdem ist es dir egal, was du ißt.«

»Was soll das heißen, es ist mir egal? Es ist mir überhaupt nicht egal. Ich beschwere mich nicht, falls du das meinst. Das Gemüse hier ist alles, was da ist, es sei denn, du willst Konserven, und wie ich dich kenne, käme das nicht in Frage. Ich finde, es grenzt an ein Wunder, daß sie überhaupt etwas aus dem sandigen Boden holen.«

Plötzlich stand Johara im Zimmer und kündigte den nächsten Gang an.

»Ich habe sie nicht raufkommen hören, du?«

Sie schnaubte verächtlich. »Bei dieser Lampe würdest du nicht mal einen Elefanten hören.«

»Nein, aber selbst ohne die Lampe – ist dir aufgefallen, daß man in diesem Haus niemals Schritte hört?«

Sie lachte. »Das ist mir nur allzu bewußt. So etwas zum Beispiel beunruhigt mich nachts. Ich höre dann nicht das geringste Geräusch in meinem Zimmer. Es könnten jede Menge Leute dort sein, und ich würde es nicht einmal merken.«

Tom antwortete nicht; er war mit seinen Gedanken offensichtlich woanders. Ein paar Minuten saßen sie schweigend da. Als sie das Gespräch wiederaufnahm, merkte man an ihrer Stimme, daß sie nachgedacht hatte.

»Tom, hast du je von Slippery Elm Pastillen gehört?«

Er richtete sich auf. »Aber klar. Granny schwor darauf, wenn sie Halsschmerzen hatte. Es waren Pillen, so ähnlich wie Hustentabletten. Ich weiß noch, wie sie sich aufgeregt hat, als sie vom Markt verschwanden. Ich glaube nicht, daß es heute noch Slippery Elm Pastillen gibt – egal in welcher Form.«

Er warf ihr einen verstohlenen Blick zu. Wahrscheinlich war das ihre absurde Art, mit diesem Traum fertig zu werden. Er wartete.

Ihre nächste Frage erschien ihm eher komisch. »Ist Nitre nicht das, was sie Gefangenen ins Essen tun?«

»Früher ja, aber ich weiß nicht, ob man das heute immer noch macht. Was soll das, stellst du ein Handbuch für nutzloses Wissen zusammen?«

»Nein, es interessierte mich bloß.«

Er ordnete die Kissen hinter sich und streckte sich aus.

»Willst du wissen, wer Sekou meiner Ansicht nach ist?« fragte er.

»Wie meinst du das, wer er ist?«

»Wer er für dich ist, meine ich. Ich glaube, er ist Mutter.«

»Was?« rief sie aus, ziemlich laut.

»Ganz im Ernst. Ich weiß noch, wie Mutter kam und im

40

Dunkeln neben meinem Bett stand, einfach so dastand. Und ich hatte jedesmal höllische Angst, sie könnte merken, daß ich wach war. Deshalb mußte ich ganz ruhig atmen und keinen Muskel bewegen. Das gleiche machte sie auch bei dir. Ich konnte hören, wie sie in dein Zimmer ging. Hast du sie nie dort gesehen, wie angewurzelt neben deinem Bett stehend?«

»Ich kann mich nicht erinnern. Es ist eine ziemlich verrückte Idee, daß ein schwarzer Afrikaner die Rolle meiner Mutter spielen soll.«

»Du siehst das Ganze nur von außen. Ich dagegen würde jede Wette eingehen, daß der Traum etwas mit Schuldgefühlen zu tun hat, und wer ist es, der dir immer ein schlechtes Gewissen macht? Mutter!«

»Ich bin keine Freud-Anhängerin«, erklärte sie. »Aber selbst wenn man zugäbe, daß dem Traum Schuldgefühle zugrunde liegen – was für mich nicht in Frage kommt –, und ich mich an die Mutter aus meiner Kinderzeit erinnere, würde es nicht erklären, warum Sekou Mutters Rolle übernommen hat. Hast du dafür keine Theorie?«

»Eine sehr gute sogar. Es besteht einfach keine Verbindung zwischen dem Traum und warum du ihn deiner Meinung nach träumst. Versuch doch mal, Sekou hineinzubringen, wenn du das nächste Mal darüber nachdenkst, und paß auf, wie er reagiert.«

»Ich denke nicht darüber nach. Es ist schon schlimm genug, ihn erleben zu müssen; da will ich mich nicht auch noch im Wachzustand damit beschäftigen.«

»Tja, Nita, ich kann dir nur sagen, daß er dich so lange beschäftigen wird, bis du ihn in seine Einzelteile zerlegt und genau analysiert hast.«

»Wenn ich weiß, wofür ich mich schuldig fühle, werde ich's dir sagen.«

41

XIV

Jeder in der Stadt kannte Mme. Massot. Sie und ihr Mann hatten hier gelebt, als die Franzosen die Gegend kontrollierten. Dann, kurz nach der Unabhängigkeit, Mme. Massot war noch keine zwanzig, war ihr Mann gestorben und hatte ihr außer dem Fotoatelier so gut wie nichts hinterlassen. Sie besaß eine Dunkelkammer und hatte gelernt, wie man Filme entwickelt und Fotos abzieht. Das Monopol für diese Dienstleistungen zu besitzen, war nicht so profitabel, wie es anderswo hätte sein können, denn die Nachfrage war gering. Seit einiger Zeit aber nahm die Zahl der jungen Leute mit Kameras zu, so daß sie nicht nur entwickelte und Abzüge machte, sondern auch Filme verkaufte. Ein paar junge Einheimische, die in Europa gelebt hatten, versuchten hartnäckig, sie dazu überreden, Videos ins Programm zu nehmen, doch darauf erklärte sie jedesmal, daß ihr das Kapital zum Investieren fehle.

Nach dem Tod von Monsieur Massot hatte sie kurz mit dem Gedanken gespielt, nach Frankreich zurückzukehren, war jedoch rasch zu der Einsicht gekommen, daß sie das eigentlich gar nicht wollte. Das Leben in Montpellier würde ein gutes Stück kostspieliger sein, und außerdem war nicht gesagt, daß sie eine geeignete Wohnung finden würde, mit einem überzähligen Raum, den sie als Dunkelkammer benutzen könnte.

Nur wenige Weiße fanden es seltsam, daß sie freiwillig allein in einer Stadt voller Schwarzer blieb. Sie selbst hatte vom Tag ihrer Ankunft an, gleich nach ihrer Hochzeit, die Schwarzen sympathisch, freundlich, großzügig und ausgeglichen erlebt. Sie fand nichts an ihnen auszusetzen, bis auf ihre Neigung, im Umgang mit Zeit ein gewisse Sorglosigkeit an den Tag zu legen. Häufig schienen sie weder die

42

Uhrzeit noch das Datum zu kennen. Den jüngeren Bürgern war bewußt, daß die Europäer ihren Landsleuten dies als Schwäche auslegten, und taten ihr Bestes, um pünktlich zu sein, wenn sie mit Fremden zu tun hatten. Obgleich Mme. Massot auf gutem Fuß mit anderen französischen Anwohnern stand, pflegte sie spezielle Freundschaften mit Familien der einheimischen Bourgeoisie. Sie hatte nie einen der lokalen Dialekte gelernt, doch diese Leute sprachen ein passables Französisch, und ihre Söhne verfügten über erstaunlich gute Sprachkenntnisse. Hin und wieder ertappte sie sich bei dem Wunsch, in Frankreich zu leben, aber er verflog jedesmal rasch wieder. Das Klima hier war angenehm, solange einem – wie ihr – die Hitze nichts ausmachte, und bei ihrer asthmatischen Veranlagung war es ideal. Die Menschen in Europa überraschten sie häufig mit ihrer Vermutung, daß die Stadt schmutzig und ungesund sein müsse, und gewiß überraschte Mme. Massot sie ebenso mit der Behauptung, daß die Straßen sauberer und freier von unangenehmen Gerüchen seien als die jeder x-beliebigen europäischen Stadt. Sie wußte, wie man in der Wüste lebt, und es gelang ihr, das ganze Jahr über ihre ausgezeichnete Gesundheit zu behalten. Die schwierigen Monate waren Mai und Juni, wenn die Hitze unerträglich wurde und der Wind einen von Kopf bis Fuß mit Sand überzog, sobald man das Haus verließ, aber auch Juli und August, wenn der Regen kam und die feuchte Luft ihr ins Gedächtnis zurückrief, daß sie in jungen Jahren an Asthma gelitten hatte.

Vor Anitas Ankunft hatten sich Mme. Massot und Tom angefreundet, vor allem, so seine Vermutung, weil sie ein Jahr lang in einer kleinen Kunstgalerie in der Rue Vignon gearbeitet hatte. Da sie neugierig war, hatte sie in dieser Zeit alle möglichen Geschichten von Malern aufgeschnappt, die sie bis heute behalten hatte. So war sie in der Lage, über das Privatleben mehrerer Maler dieser Zeit oder die Preise, die ihre Arbeiten erzielt hatten, zu erzählen, und das fand Tom interessant. Mme. Massots Jahr in Paris bildete die Grundlage für ihre Plaudereien. Jetzt spielte er mit dem Gedanken, sie wieder einmal zum Essen einzuladen. Doch das war jedesmal ein riskantes Unterfangen, da sie eine ausgezeichnete Köchin war, die sich vor allem auf lokale Gerichte mit einheimischen Zutaten spezialisiert hatte. Im Unterschied zu vielen Autodidakten hatte sie nichts dagegen, ihre Entdeckungen mit jedermann zu teilen, der sich ebenso für die Küche interessierte wie sie. Mit ihrer Hilfe hatte Tom gelernt, zwei oder drei dieser Gerichte erfolgreich nachzukochen.

»Ich bitte sie für Montag zum Mittagessen«, sagte er zu Anita.»Und du könntest mir noch mal einen großen Gefallen tun, indem du zu ihrem Laden gehst und sie einlädst. Gleichzeitig könntest du ein paar Filme kaufen. Du kennst ja jetzt den Weg, also brauchst du niemanden, der mit dir geht. Macht es dir was aus? Ich würde einen ganzen Vormittag Arbeit verlieren, wenn ich selbst ginge.«

»Es macht mir nichts aus. Aber ich finde, ein bißchen Bewegung könnte dir nicht schaden.«

»Ich hole mir meine Bewegung, indem ich vor dem Frühstück am Ufer entlanglaufe, das weißt du doch. Mehr brauche ich nicht. Also, sei so nett und sag Mme. Massot, daß wir sie am Montag zum Mittagessen erwarten, ja? Sie spricht auch Englisch.«

»Du scheinst vergessen zu haben, daß ich Französisch als Hauptfach hatte.«

Sie verspürte kein großes Verlangen, durch die Stadt zu gehen, stand aber trotzdem auf und sagte: »Dann gehe ich lieber mal los, solange es noch nicht zu heiß ist.«

Als sie an dem Stand vorbeikam, wo Sekou und sie gesessen und etwas Kaltes getrunken hatten, sah sie, daß er geschlossen war. Sie hatte keine Lust gehabt, Tom diesen

44

Gang abzunehmen, weil sie die abergläubische Überzeugung hegte, daß das Zusammentreffen mit den beiden amerikanischen Barbaren sich wiederholen könnte. Sie merkte sogar, daß sie unbewußt auf den abscheulichen Lärm ihres Motorrads in der Ferne horchte. Noch bevor sie den Markt erreichte, war sie zu dem Schluß gekommen, daß die beiden die Stadt verlassen hatten und an einen anderen Ort gefahren sein mußten. Dort konnten sie nun anderen Einheimischen Angst und Schrecken einjagen, nachdem die Leute hier sich zweifellos an ihre Gegenwart gewöhnt hatten.

Mme. Massot schien sich über die Einladung zu freuen. »Wie geht es Tom?« fragte sie. »Sie sind vor nicht allzu langer Zeit hier im Laden gewesen, aber Tom habe ich schon eine ganze Weile nicht mehr gesehen.«

Als sie nach Hause kam, stieg sie aufs Dach, wo Tom arbeitete, und erzählte ihm: »Sie kommt am Montag. Ist sie eine Lesbe, was meinst du?«

»Lieber Himmel!« rief Tom aus. »Woher soll ich das wissen? Ich habe sie nie danach gefragt. Wie kommst du nur auf diese Idee?«

»Weiß ich auch nicht. Es kam mir nur so in den Sinn, als wir uns unterhielten. Sie wirkt so ernst.«

»Es würde mich jedenfalls sehr wundern.«

Seit kurzem war die Luft schwer von Staub, und jeden Tag schien es schlimmer zu werden. Offenbar galt es als höflicher, von Sand zu sprechen, jedenfalls sagte Tom das, mußte jedoch einräumen, daß, falls es wirklich Sand war, es pulverisierter Sand war, und das wiederum war nichts anderes als eine Bezeichnung für Staub, daran führte kein Weg vorbei. In bestimmten Räumen im Erdgeschoß sammelte sich weniger Staub als in anderen, aber die Türen ließen sich nicht richtig schließen, und der feine Staub wurde von einem beständigen Wind aufgewirbelt und in die kleinsten Ritzen getragen.

XV

Am Montag hatte der Staub einen solchen Grad an Undurchdringlichkeit erreicht, daß es vom Dach aus unmöglich war, irgend etwas auf der Straße unten zu unterscheiden. Tom beschloß, daß sie in einem der unteren Räume und bei geschlossenen Türen essen mußten. »Wir werden Platzangst haben«, sagte er, »aber was sollen wir machen?«

»Ich wüßte schon etwas«, erwiderte Anita. »Nicht heute, aber doch bald. Und das wäre, die Stadt verlassen. Denk doch nur an unsere Lungen. Wir könnten genausogut in einer Kohlengrube leben. Und bald wird es anfangen zu regnen. Was haben wir dann? Eine Schlammstadt. Du hast selbst immer gesagt, daß die Gegend die Hälfte des Jahres unbewohnbar ist.«

Mme. Massot wurde von einem Mädchen aus der Küche heraufgeführt, das ihr mit einer flackernden Kerze den Weg durch das düstere Haus wies. Mme. Massot trug etwas in der Hand, das aussah wie eine Schuhschachtel und das sie sogleich Tom überreichte.

»Die Kräuter, die ich Ihnen versprochen hatte«, sagte sie. »Allerdings ist es vielleicht ein bißchen spät, sie Ihnen erst jetzt zu geben.«

Er öffnete die Schachtel. Das Innere war in drei kleine Fächer unterteilt, alle mit schwarzer Erde gefüllt, aus der grüne fedrige Blättchen sprossen. »Oregano, Majoran und Estragon«, erklärte sie und deutete darauf. »Aber um diese Jahreszeit muß man die Schachtel geschlossen halten. Der Sand würde die Pflänzchen sonst ersticken.«

»Das gefällt mir«, rief Anita aus und untersuchte die Schachtel. »Es ist wie ein tragbarer Garten.«

»Ich halte alle meine Kräuter im Haus, und stets zugedeckt.«

46

»Wir hätten diese Verabredung vor zwei Wochen treffen sollen«, sagte Tom. »Es muß schrecklich gewesen sein, bei diesem Hundewetter den ganzen Weg zu Fuß zu gehen. Und wie schaffen Sie es bloß, trotzdem so kultiviert und schick auszusehen?«

Genau das hatte Anita auch gedacht. Mme. Massot wirkte äußerst elegant in ihrem khakifarbenen Kostüm, das ohne Zweifel für die Wüste gedacht war, doch auf der Rue du Faubourg St. Honoré ebenso passend gewesen wäre. »Ah«, sagte sie, wand sich den Turban vom Kopf und schüttelte ihn aus. »Das Geheimnis ist, daß Monsieur Bessier mich am Markt überholt und mit seinem Lastwagen direkt bis vor Ihre Haustür gebracht hat. So dauerte es nur zwei Minuten statt vierzig.«

»Was für ein phantastisches Kostüm!« rief Anita bewundernd und streckte die Hand aus, um den Stoff zu befühlen. »Darf ich?«

Mme. Massot hob die Arme über den Kopf, um ihr die Inspektion zu erleichtern. »In Wirklichkeit ist es eine Nachbildung der *serouelles* aus der Sahara, kombiniert mit dem hiesigen *boubou*«, erklärte sie. »Ich habe es selbst entworfen.«

»Es ist wunderbar«, sagte Anita. »Aber dieses Material ist nicht von hier.«

»Nein, nein. Ich habe es in Paris gekauft und auch dort schneidern lassen. Ich bin nicht sehr geschickt im Umgang mit Nadel und Faden. Aber das Design ist so einfach, daß ein hiesiger Schneider es sicher mit Leichtigkeit kopieren könnte. Der Trick ist der diagonale Zuschnitt, so daß das Oberteil wie ein Teil der Hose wirkt und das ganze Ding, von den Schultern bis zu den Knöcheln, aus einem Guß ist, nahtlos.«

»Auf jeden Fall hat es genau die richtige Farbe für heute«, warf Tom ein.

47

»Mir macht das Wetter nichts aus«, antwortete sie. »Das ist der Preis, den wir dafür zahlen müssen, was wir den Rest des Jahres über haben. Es ist lästig, aber ich empfinde es auch als Herausforderung. Das heißt nicht, daß ich um diese Zeit nicht auch gerne nach Frankreich flüchte; das schon. Mein Bruder hat einen Bauernhof in der Nähe von Narbonne. Der Sommer in der Provence ist herrlich. Aber wissen Sie, ich bin hauptsächlich gekommen, um Ihre Bilder zu sehen.«

»Ja.« Tom wirkte etwas unglücklich. »Zu dumm, daß Sie sie nicht bei Tageslicht sehen können, aber es muß unten sein, im Schein der Lampe. Bei all dem Staub und Sand kann ich sie hier oben unmöglich auspacken.«

Johara kam, um zu melden, daß das Mittagessen fertig sei, und dasselbe Mädchen wie vorher geleitete sie die Treppen hinunter, in der ausgestreckten Hand die Kerze. »Es ist wirklich eine Schande, daß wir unten essen müssen«, sagte Anita. »Es ist viel angenehmer unter dem Verdeck auf der Terrasse. Aber es geht nicht anders.«

Noch während des Essens fragte Mme. Massot plötzlich: »Wer hat dieses köstliche Gericht gezaubert, Monsieur? Sie?«

Ich fürchte nein. Das war Johara.«

»Sie können sich glücklich preisen, die Frau zu haben. Sobald Sie abreisen, werde ich versuchen, sie zu bekommen.«

»Aber Sie brauchen sie doch gar nicht. Sie können alle diese Gerichte selbst kochen.«

»Ja, solange es mich nicht stört, daß ich dafür den ganzen Tag in der Küche stehen muß. Außerdem macht das Essen viel weniger Spaß, wenn man selbst gekocht hat.«

»Vermutlich wird sie froh sein, von einem Job direkt zum nächsten wechseln zu können«, sagte Tom.

»Oh, bei diesen Leuten weiß man nie. Sie sind nicht geldgierig. Und auch nicht ehrgeizig. Für sie ist ihre Beziehung zu ihrem jeweiligen Arbeitgeber das Wichtigste. Ganz gleich, ob er übermäßig streng oder vollkommen gleichgültig ist. Wenn sie ihn mögen, dann mögen sie ihn. Dieses Gericht ist vorzüglich«, fuhr sie fort. »Ich weiß, wie es gemacht wird, aber ich habe bisher nicht sehr viel Gück damit gehabt.«

»Wie wird es denn gemacht?« fragte Tom.

»Die Basis sind kleine Hirsekuchen. Die Karamel-Sauce ist kein Problem, aber die Creme obendrauf ist ein bißchen heikel. Sie wird aus dem weißen Fleisch der Kokosnuß gemacht, das in wenig Kokosmilch eingeweicht wird. Es ist schwer, die richtige Konsistenz zu erreichen. Aber Ihre Köchin hat sie wunderbar hinbekommen.«

Tom war damit beschäftigt, seine Gemälde aus dem Metallkasten zu nehmen, wo er sie aufbewahrte. »Ich zeige Ihnen nur die neuesten Sachen. Ich glaube, es sind ohnehin die besten.«

»O nein!« wandte Mme. Massot ein. »Ich möchte alles sehen. Jedenfalls alles, was Sie hier gemalt haben.«

»Das würde den ganzen Nachmittag dauern. Sie haben keine Ahnung, wie produktiv ich bin.«

»Zeigen Sie mir, was Sie zeigen möchten, und ich bin zufrieden.« Er reichte ihre eine Mappe mit Gouachen.

Sie studierte sie aufmerksam und ließ sich Zeit. Dann rief sie begeistert: »Aber diese Gemälde sind phänomenal! Welche Finesse! Welcher Zauber! Lassen Sie mich mehr sehen! Sie sind anders als alles, was ich je gesehen habe.«

Während sie die anderen betrachtete, murmelte sie von Zeit zu Zeit: »*Invraisemblable.*«

Anita, die bisher nur zugesehen hatte, mischte sich ein. »Zeig ihr *La Boucle du Niger*«, drängte sie Tom. »Kommst du dran? Ich finde, das ist eins der wirkungsvollsten überhaupt.«

49

Er schien über diese Definition verstimmt. »Wirkungsvoll, inwiefern?«

»Ich liebe die Landschaft auf der anderen Seite des Flusses«, erklärte sie.

»Dazu kommen wir noch«, sagte er schroff. »Ich habe sie so arrangiert, wie ich sie haben will.«

Mme. Massot fuhr fort, die Bilder zu studieren. »Ich fange an, Ihre Methode zu begreifen«, murmelte sie. »Sehr geschickt. Oft ist es nur reiner Zufall in einem Detail, der über die Entwicklung des gesamten Gemäldes entscheidet. Sie bleiben flexibel bis zum letzten Moment. Stimmt das nicht?«

»Manchmal«, räumte er zurückhaltend ein. Einen Moment später sagte er: »Ich glaube, das genügt, um Ihnen einen Eindruck von dem zu vermitteln, was ich hier gemacht habe.«

Mme. Massots Augen glänzten. »Sie sind ein Genie! Sie werden sicher großen Erfolg damit haben. Diese Bilder sind grandios.«

Als Johara die Kaffeetassen abgeräumt hatte, erhob sich Mme. Massot. »Ich habe immer noch vor, diese Frau zu bekommen, wenn Sie weg sind«, erklärte sie. »Sie fahren diese Woche?«

»Sobald wir hier wegkommen«, antwortete Anita.

»Gehen wir nach oben und sehen nach, was das Wetter macht«, schlug Tom vor. »Diesmal wird kein Monsieur Bessier dasein, um Sie nach Hause zu fahren.«

Er ging mit Mme. Massot zur Tür. »Kommst du mit?« fragte er Anita. Sie schüttelte den Kopf, und er schloß die Tür von außen.

Sie blieben länger als nötig gewesen wäre, um sich darüber klarzuwerden, ob der Wind abgeflaut war oder nicht. Sie saß in dem stickigen Zimmer und hatte das Gefühl, daß der Nachmittag reine Zeitverschwendung gewesen war. Als sie herunterkamen, bestand Mme. Massot darauf, es sei unnötig, daß Tom sie begleite. Anita dagegen merkte, daß er entschlossen war, mit ihr zu gehen. »Aber jeder hier kennt mich«, protestierte sie. »Und es ist noch nicht einmal dunkel. Kein Mensch käme auf die Idee, mich zu belästigen. Außerdem hat sich der Wind gelegt. Bleiben Sie hier.«

»Ich denke nicht im Traum daran.«

XVI

Als Mme. Massot sich ein wenig formell von Anita verabschiedet hatte, gingen sie, und Anita eilte nach oben aufs Dach, um frische Luft zu schnappen. Der stürmische Wind hatte sich gelegt, und die weiche Lehmlandschaft der Stadt war wieder sichtbar geworden. Es war sehr still; nur hin und wieder durchbrach Hundegebell das Schweigen. Die Gewißheit, daß sie sehr bald aufbrechen würden, munterte sie auf, so daß sie eine gewisse Verantwortung für das Haus empfinden konnte. Sie hatte das Gefühl, es sei eine gute Idee, hinunterzugehen und Johara dafür zu danken, daß sie sich solche Mühe gegeben hatte, ihrem Gast ein vorzügliches Essen vorzusetzen. Johara stand, von zwei Kerzen beleuchtet, in der Küche und nahm das Lob mit der üblichen, unerschütterlichen Würde entgegen. Die Kommunikation mit ihr war schwierig, deshalb lächelte Anita und trat hinaus in den Hof, wo sie mit der Taschenlampe in alle Richtungen leuchtete. Dann ging sie zurück in den Raum, wo sie gegessen hatten und die Lampe noch immer dröhnte. Sie hatte die Tür offengelassen, als sie zum Dach hinaufgegangen war, jetzt war das Zimmer gelüftet. Sie setzte sich auf eines der Kissen und begann zu lesen.

Schneller als sie erwartet hatte, war er wieder da, mit vollkommen durchnäßtem T-Shirt.

51

»Warum hast du so geschwitzt?« fragte sie. »So heiß ist es doch gar nicht.«

»Ich bin praktisch den ganzen Rückweg gerannt.«

»Das hättest du nicht tun sollen. Wir haben keine Eile.« Sie las noch ein paar Zeilen und legte dann das Buch auf die Matratze neben sich. »Jedenfalls wissen wir jetzt, daß sie keine Lesbe ist«, sagte sie.

»Bist du verrückt?« rief er. »Denkst du immer noch darüber nach? Außerdem, wieso wissen wir es jetzt im Unterschied zu vorher? Weil sie dir gegenüber keinen Annäherungsversuch gemacht hat?«

Sie warf ihm einen raschen Blick zu. »Ach, halt den Schnabel! Es war doch wohl ziemlich klar, daß sie sich für dich interessiert.«

»Wieso war dir das so klar?«

»Nun, die Art, wie sie sich über deine Bilder ausließ, zum Beispiel.«

»Französische Sitte.«

»Ja. Ich weiß. Aber keine Etikette verlangt, daß man jemandem so übertrieben Honig um den Bart schmieren muß.«

»Übertrieben? Es war vollkommen ernst gemeint. Tatsache ist, daß vieles von dem, was sie gesagt hat, den Nagel auf den Kopf trifft.«

»Aha, du bist also empfänglich für Schmeichelei.«

»Du verstehst einfach nicht, daß irgend jemand sich für meine Bilder begeistern könnte, ich weiß.«

»Oh, Tom, du bist unmöglich. Das habe ich nicht gesagt, doch ich persönlich glaube, daß es nicht die Bilder waren, die sie heute so begeistert haben.«

»Du meinst, sie hat ein sexuelles Interesse?«

»Was soll ich deiner Ansicht nach sonst meinen?«

»Nun, mal angenommen, du hast recht, und angenommen, ich erwiderte dieses Interesse, wäre das wichtig?«

52

»Offenbar nicht. Aber ich finde es interessant.«

»Du wolltest einfach nicht, daß ihr Gesäusel mir den Kopf verdreht. Du hast natürlich recht, und ich sollte es zu schätzen wissen. Aber ich kann nicht. Es macht einfach mehr Spaß, zu hören, wie gut man ist. Man bleibt liebend gern noch ein Weilchen dort oben und sonnt sich in dem Lob, mit dem man überschüttet wird.«

»Tut mir leid«, sagte sie. »Ich hatte gewiß nicht die Absicht, deine Arbeit zu schmälern oder dich zu deprimieren.«

»Wahrscheinlich nicht, aber jetzt darüber zu reden, deprimiert mich.«

»Tut mir leid«, antwortete sie, ohne daß es sich so anhörte, als täte es ihr leid. »Hat Mme. Massot auf dem Nachhauseweg noch weiter über deine Bilder gesprochen?«

Er war verstimmt. »Nein, hat sie nicht.« Einen Augenblick später fuhr er fort. »Sie hat mir eine lange, komplizierte Geschichte erzählt über zwei Yale-Studenten, die letzte Woche unweit von Gargouna tot aufgefunden worden sind. Wir kriegen ja hier nie was mit. Der alte Monsieur Bessier ist vorgeladen worden. Die Polizei hatte erfahren, daß sein Lastwagen ein paar Tage, bevor sie gefunden wurden, dort gesehen worden war. Natürlich konnte das gut sein, wir waren ja damit gefahren. Die Jungs hatten ein Motorrad und wollten damit durch die Dünen fahren.«

»Sie hatten einen Unfall?« Sie schaffte es, ihre Stimme zu kontrollieren. Es gibt keinen Grund, dachte sie. Niemand weiß etwas.

»Sie sind gegen ein paar Felsen geprallt und haben wohl ziemlich was abbekommen. Doch offenbar waren es gar nicht ihre Verletzungen, an denen sie gestorben sind.«

»Was war es dann?« Ihre Stimme klang viel zu matt, aber er merkte nichts. Ich muß dieses Gespräch fortsetzen, als hätte es nicht das geringste mit mir zu tun, dachte sie.

»Es war die Sonne. Die Idioten trugen keine Kleider. Nur

53

Shorts. Keiner weiß genau, wann der Unfall passiert ist, aber sie müssen zwei bis drei Tage nackt dagelegen und geschmort haben, und von Stunde zu Stunde verbrannten sie mehr. Es ist ein Rätsel, warum keiner aus dem Dorf sie schon vorher gesehen hat. Aber natürlich laufen die Leute hier nicht viel in den Dünen herum. Und als man sie dann fand, hatte die Sonne sie bereits erledigt.«

»Eine Schande.« Sie sah die beiden wieder vor sich, die leuchtend roten und blauen Shorts, das Blut auf den gebräunten Körpern und das verdrehte Fahrgestell aus Chrom. »Die armen Jungs. Wie entsetzlich.«

Tom redete weiter, aber sie hörte ihn nicht. Ein wenig später murmelte sie: »Wie gräßlich.«

XVII

Jetzt, da sie nur noch wenige Tage vom Aufbruch nach Paris trennten, empfand Anita plötzlich das dringende Bedürfnis, den Schleier aus Zweifeln und Ängsten, die sie seit jenem Tag in Gargouna geplagt hatten, zu lüften. Der Traum stand natürlich im Mittelpunkt; sie hatte ihn seit mehreren Nächten nicht mehr gehabt. Und dann gab es noch Sekou. Wenn sie abreiste, ohne eine zufriedenstellende Erklärung für seine Verbindung mit dem Traum zu haben, hätte sie ziemlich versagt. Die Ungeheuer waren tot. Sekou lebte, er könnte ihr helfen.

»Ist Sekou im Haus?« fragte sie Tom. Er wirkte überrascht. »Warum? Willst du ihn sprechen?«

»Ich würde gern einen Spaziergang am Fluß entlang machen und dachte, er könnte mich begleiten.«

Tom zögerte. »Ich weiß nicht, ob das geht. Er hatte Probleme mit einem infizierten Bein. Ich sehe mal nach, ob ich ihn finde, und sage dir dann Bescheid.«

54

Er fand ihn in einem Raum unweit der Küche sitzend und schlug vor, die Wunde erneut zu desinfizieren. Sekou zögerte, als er Anita in der Tür stehen sah.

»Du kannst ruhig reinkommen und zusehen«, sagte Tom. Er hatte nichts übrig für die übertriebene Prüderie der einheimischen Männer. »Es ist ein böser Schnitt, vom Knöchel bis rauf zum Knie. Kein Wunder, daß er sich entzündet hat. Aber es ist schon viel besser.« Er riß die Pflasterstreifen ab, die den Verband hielten. »Er ist ganz trocken«, erklärte er. »Es hat keinen Zweck, ihn zu fragen, ob es weh tut, denn er wird nein sagen, selbst wenn der Schmerz ihn umbringt. *Tout va bien maintenant?*« Sekou lächelte und antwortete: »*Merci beaucoup. La plaie s'est fermée.*«

»Er kann mit dir gehen«, sagte Tom.

Sekou schien erleichtert, als Tom seine *gandoura* herunterzog und das Bein bedeckte.

Während sie am Flußufer entlanggingen, fragte Anita, was die Wunde verursacht hätte. »Sie haben es gesehen«, antwortete er, von der Frage überrascht. »Sie waren dabei, als die Touristen mich mit ihrer Maschine angefahren haben.«

»Ich habe es mir gedacht«, sagte sie. »Oh, diese beiden Ungeheuer!« Es half, so von ihnen zu sprechen, obgleich sie wußte, daß sie für ihren Tod mitverantwortlich war.

Der Wind frischte auf, und die Luft füllte sich mit Staub. Heute gab es nicht viele Fischer am Fluß. Es herrschte Zwielicht mitten am Vormittag.

»Sie sagen, es waren Teufel«, fuhr Sekou fort. »Aber es waren keine Teufel. Es waren unwissende junge Männer. Ich weiß, daß Sie wütend auf sie waren und einen Zauber gegen sie gemacht haben.«

Anita war verblüfft. »Was?« rief sie.

»Sie haben gesagt, sie würden noch Ärger bekommen, und Sie wären froh, es mitzuerleben. Ich glaube, sie sind weggegangen.«

Ihr erster Impuls war, zu sagen: »Sie sind tot«, doch sie hielt den Mund und dachte, wie seltsam, daß er nichts davon gehört haben sollte.

»Ich hatte ihnen bereits vergeben, aber Sie nicht. Als mein Bein sehr schmerzte, hat mir Monsieur Tom eine Spritze gegeben. Ich habe mir gesagt, vielleicht hört der Schmerz auf, wenn auch Sie ihnen vergeben. Eines Nachts habe ich geträumt, ich käme und spräche mit Ihnen. Ich wollte hören, daß Sie es sagten. Aber Sie sagten: ›Nein, es sind Teufel. Sie haben mich beinahe getötet. Warum soll ich ihnen vergeben?‹ Da wußte ich, daß Sie ihnen nie vergeben würden.«

»Ungeheuer«, murmelte Anita, »nicht Teufel.« Er schien sie nicht gehört zu haben.

»Und dann hat Gott sei Dank Monsieur Tom mein Bein wieder gesund gemacht.«

»Sollen wir umdrehen? Die Luft ist voller Staub.« Sie machten kehrt und begannen, in die andere Richtung zu gehen. Einige Minuten lang schwiegen beide. Schließlich fragte Anita: »Wolltest du in deinem Traum, daß ich zu ihnen hingehe und sage, daß ich ihnen verzeihe?«

»Das hätte mich sehr glücklich gemacht, ja. Aber ich habe nicht gewagt, Sie darum zu bitten. Ich dachte, es wäre schon genug, wenn ich Sie sagen hörte: ›Ich vergebe ihnen.‹«

»Jetzt würde es auch nichts mehr ändern, wenn ich sagte, ›Ich vergebe ihnen‹, oder? Aber ich vergebe ihnen.« Ihre Stimme klang tränenerstickt. Er merkte es und blieb stehen.

»Aber natürlich würde es etwas ändern. Es tut Ihnen gut. Wenn Zorn in Ihnen ist, wirkt er wie Gift. Man sollte immer alles vergeben.«

Während des restlichen Wegs blieb sie stumm und dachte an ihren eigenen Traum, in dem Vergebung keine Rolle spielte, denn Yindall und Fambers konnten nur das sein,

56

was sie ihnen zuvor bestimmt hatte. Sie waren Ungeheuer, daher mußte ihr Unterbewußtsein eine Welt für sie erfinden, in der alles ungeheuerlich war.

Sie dachte an Sekous Interpretation ihrer heftigen Worte vor den Motorradfahrern. In gewissem Sinne hatte er ganz recht. Ihr Verhalten entsprach demjenigen eines Menschen, der einen Fluch gegen jemanden richtete, obgleich sie selbst die Sache nie in solchen Begriffen beschrieben hätte. Ohne die Worte zu verstehen, hatte er ihren Inhalt begriffen. Fundamentale Emotionen besitzen ihre eigene Sprache.

Sie hatte recht gehabt. Sekous intensives Verlangen hatte mit Hilfe seines Traums einen Kontakt zwischen ihm und der dunklen Seite ihres Bewußtseins hergestellt und sie gezwungen, Yindall und Fambers zu finden. (Andere Namen hatte sie nicht für sie.)

XVIII

Am nächsten Morgen kehrte Tom, der früh ausgegangen war, nicht um am Flußufer zu laufen, sondern um zum Markt zu gehen, aufgeregt nach Hause zurück. »Ein echter Glückstreffer!« rief er. »Ich habe Bessier getroffen. Sein Neffe ist hier und reist morgen ab, und er sagt, es gibt noch Platz für uns in seinem Landrover. So können wir sicher sein, nach Mopti zu kommen, bevor der Regen einsetzt.«

Anita war heilfroh über die Aussicht abzureisen, fragte aber dennoch: »Warum Mopti vor dem Regen?«

»Weil die Straße zwischen hier und dort unpassierbar ist, sobald der Regen beginnt. Von Mopti ist es dann relativ leicht, weiterzukommen. Die Fahrt wird uns eine Menge Ärger ersparen. Und ich brauche kein Vermögen auszugeben, um ein Fahrzeug zu mieten, das uns durchbringen würde. Also, kannst du bis dahin packen?«

Sie lachte. »Du weißt doch, ich habe praktisch nichts dabei. Ich kann in einer halben Stunde fertig sein.«

Die Vorstellung, abzureisen, eine Landschaft zu sehen, die sich von der endlosen, lichtverschleierten Leere unterschied, beflügelte sie.

Trotzdem empfand sie eine gewisse Ambivalenz. Sie hatte begonnen, die flache, sandfarbene Stadt zu mögen, denn sie wußte, daß sie einen solchen Ort niemals wiedersehen würde. Wie sie auch nie wieder einen Menschen finden würde, der so unkompliziert und rein war wie Sekou. (Sie wußte, daß sie weiter an ihn denken würde.)

Am Morgen des Aufbruchs war Tom damit beschäftigt, Geld an die Leute zu verteilen, die auf die eine oder andere Art im Haus gearbeitet hatten.

Anita ging mit ihm in die Küche und schüttelte Johara die Hand. Sie hoffte, auch Sekou zu sehen und sich von ihm zu verabschieden, aber es war noch zu früh für ihn, um zum Haus zu kommen.

»Ich bin wirklich enttäuscht«, sagte sie, als sie vor dem Haus auf Bessiers Neffen warteten.

»Du hast also doch noch beschlossen, Sekou zu mögen«, bemerkte Tom. »Siehst du. Er hatte nicht vor, dich zu vergewaltigen.«

Ohne daß sie es wollte, rutschte es ihr heraus: »Aber er hat von mir geträumt.«

»Tatsächlich?« Tom schien belustigt. »Woher weißt du das?«

»Er hat es mir erzählt. Er träumte, daß er kam und an meinem Bett stand.« Sie beschloß, es dabei zu belassen und nichts weiter zu sagen. Tom machte ein verzweifeltes Gesicht und schüttelte den Kopf. »Also, das ist mir alles zu hoch.«

Sie war froh, als sie den Landrover kommen sah.

Als sie schon tief in der Wüste waren, dachte sie noch

immer über die jetzt nicht länger schmerzliche Geschichte nach. Sekou wußte viel, sie aber wußte alles und nahm sich das Versprechen ab, daß kein anderer je davon erfahren würde.

1990

Ein ungelegener Besuch

Nachdem sie mehrere hundert Jahre durchs All gereist war, verspürte Santa Rosenda das Verlangen, zur Erde zurückzukehren. In letzter Zeit hatte sie zunehmend Heimweh nach ihrem Vaterland und hegte zugleich die irrationale Überzeugung, daß es sie sehr glücklich machen würde, wieder einmal spanische Erde unter den Füßen zu spüren. Sie kündigte ihre Ankunft nicht an, denn falls man sie erkannte, wäre der erhoffte Frieden durch die damit verbundene Aufmerksamkeit sicher unmöglich.

Doch wenn Santa Rosenda wirklichen Kontakt zur Erde haben wollte, mußte sie sich materialisieren; erst dann würde sie sich von der Realität der Umgebung überzeugen können. Damit war sie natürlich nicht mehr unsichtbar – ein unbestreitbarer Nachteil, teilweise wegen ihrer anachronistischen Kleidung, mehr aber noch wegen der leichten Aura um ihren Kopf, die die unverwechselbare Gestalt eines Heiligenscheins hatte.

Ihre Ankunft vollzog sich ganz spontan: sie erschien einfach eines Nachmittags hinter einem Gebüsch im öffentlichen Park einer spanischen Provinzstadt. Eine Frau, die an der nahe gelegenen Schule Chemie unterrichtete, saß auf einer Bank. Als sie Santa Rosenda erblickte, sprang sie zu Tode erschrocken auf und rannte davon. Das erschien Santa Rosenda nicht gerade als günstiges Vorzeichen für eine geruhsame Zeit auf Erden, und sie erkannte, daß sie die Städte meiden mußte.

So erfolgte die nächste Landung auf einem Feld außerhalb eines kleinen Dorfes auf der Insel Menorca. Sie hatte sich für das Feld entschieden, weil ihr die Konturen der

63

Landschaft gefielen und sie diese für verlassen hielt. Doch ein Mädchen aus dem Dorf, das am Wegesrand hockte und Kräuter sammelte, schreckte furchtsam auf, als Santa Rosenda so unerwartet neben ihr Gestalt annahm. Zwar verschwand Santa Rosenda sofort wieder, doch es war schon zu spät. Das Mädchen lief ins Dorf zurück und schrie, es sei Zeuge eines Wunders geworden. Man glaubte ihm die Geschichte ohne jeden Vorbehalt. Mehrere hundert Leute eilten auf das Feld, in der Hoffnung, einen Blick auf die heilige Erscheinung zu erhaschen. Santa Rosenda schwebte über ihnen, beobachtete sie voller Widerwillen und beschloß, sich aufs Festland zu begeben. Das Problem war, einen angenehmen Ort zu finden, wo sie bleiben konnte, ohne eine Entdeckung befürchten zu müssen.

In Anbetracht der diversen Schwierigkeiten, mit denen sie zu kämpfen hatte, ist es ein Wunder, daß sie ihr Vorhaben nicht aufgab und ins All zurückkehrte. Sie hatte keinerlei Möglichkeit, mit den Menschen zu kommunizieren, selbst wenn sie es gewollt hätte, denn sie besaß keine Stimme. Außerdem konnte sie weder lesen noch schreiben, da diese Fähigkeiten zu ihrer Zeit nicht als notwendig erachtet worden waren, nicht einmal für Heilige.

Das waren alles andere als ideale Voraussetzungen, um in ihr Heimatland zurückzukehren, aber sie hatte keine andere Wahl. Wenn sie auf der Erde sein wollte, mußte sie sich damit abfinden. Solch kleine Widrigkeiten jedoch wurden mehr als ausgeglichen dadurch, daß sie weder essen noch schlafen mußte, und vor allem durch die Fähigkeit, sich notfalls von einem auf den anderen Augenblick entmaterialisieren zu können, obgleich sie das damit verbundene Aufsehen verabscheute. Schließlich war sie ohnehin nicht gekommen, um sich mit den Menschen zu unterhalten; im Gegenteil, sie hoffte, allen Kontakt mit ihnen vermeiden zu können.

Als sie daher eine einladende Höhle am Hang eines Hügels entdeckte, ließ sie sich in der Nähe des Eingangs nieder, wo sie die sonnenüberflutete Landschaft betrachten und dann die Augen schließen und über den Wandel meditieren konnte, der stattgefunden hatte, seit sie das letzte Mal die Erde verlassen hatte. Sie wußte, daß es auf dem Planeten keinen Stillstand gab, daß sich alles in einem Zustand unaufhörlicher Entwicklung befand, daher war sie nicht erstaunt über die außerordentlichen Veränderungen, die sich ihrem Gefühl nach während ihrer Abwesenheit vollzogen hatten. Vor allem die Kleider, die sie trug, machten ihr Sorgen, denn sie hatte bemerkt, daß es mehr als alles andere diese Gewänder waren, die auf den Unterschied zwischen ihrem eigenem Äußeren und dem der anderen Frauen aufmerksam machten. Sie würde den ersehnten Frieden so lange nicht finden, bis es ihr irgendwie gelungen war, sich von ihnen nicht mehr zu unterscheiden. Fürs erste schlang sie sich einen Tuchfetzen um den Kopf, den sie hier in der Höhle gefunden hatte. So würde zumindest der Heiligenschein nicht mehr auffallen, hoffte sie.

Eines Nachmittags, als sie die Augen einen Moment öffnete, entdeckte sie zwei kleine Jungen, die nicht weit vom Eingang der Höhle spielten. Sie merkte, daß sie sie gesehen hatten, doch schienen sie ihr keine besondere Beachtung zu schenken. Beruhigt schloß sie die Augen wieder. Als sie das nächste Mal die Augen aufschlug, waren die Kinder verschwunden. Sie kamen beinahe jeden Tag, hielten jedoch stets Abstand zur Höhle.

Was sie nicht wußte, war, daß die Jungen ihren Eltern von der merkwürdigen Frau erzählt hatten, die dort Tag für Tag immer an der gleichen Stelle saß. Da es auf der anderen Seite des Hügels eine Militärkaserne mit einem Behelfsflugplatz gab, war die Öffentlichkeit aufgefordert worden, alle verdächtigen Personen in der Umgebung zu melden.

65

Der Vater der Jungen sprach mit einem Vertreter der Guardia Civil über die Frau in der Höhle, mit dem Ergebnis, daß Santa Rosenda Besuch von einer Gruppe Soldaten erhielt, die sie aufforderten, sie zu einem Jeep zu begleiten, der am Ende eines Wäldchens auf der Straße wartete. Sie setzten ihr mit allerlei Fragen zu, die sie hörte und teilweise verstand, jedoch nicht beantworten konnte. Hauptsächlich aus Neugier beschloß sie, nachzugeben und mit ihnen zu gehen; vielleicht würde sie dann verstehen, was sie von ihr wollten. Außerdem hatte sie das Gefühl, daß es äußerst taktlos wäre, jetzt eine Transformation zu inszenieren und sich vor ihren Augen einfach in Luft aufzulösen. Sie war dabei lieber für sich allein.

Zuerst fuhren sie aufs Kommissariat, wo sie nichts von dem verstand, was um sie herum vorging. Von dort aus brachten die Männer sie in ein Krankenhaus, wo sie der Aufnahmeschwester erklärten, daß ihr Schützling taubstumm sei. Eine andere Schwester führte sie in einen kleinen Raum, ließ sie dort zurück und schloß beim Hinausgehen die Tür ab. Der Arzt, der sie untersuchen sollte, hatte sie kurz gesehen, als sie in das Gebäude gebracht worden war, und aufgrund ihrer fremdartigen Kleidung und des Tuchs, das um ihren Kopf gewickelt war, sofort vermutet, daß sie in Wirklichkeit ein verkleideter Mann war. Als die Schwester ihm berichtete, daß sie nicht sprechen konnte, verstärkte sich sein Verdacht.

»Vamos a ver«, sagte er sich, als er die Tür zu dem Raum öffnete, in dem sie eingesperrt war. Einen Moment zuvor hatte sich Santa Rosenda, verärgert darüber, daß man sie in einen so winzigen Raum eingeschlossen hatte, und der gesamten sinnlosen Prozedur überdrüssig, entmaterialisiert. Der Raum war leer. Wütend rief der Arzt nach der Schwester und hielt ihr vor, daß es allein ihrer Sorglosigkeit zuzuschreiben sei, wenn ein mutmaßlicher Schwerverbrecher aus ihrer Obhut habe entkommen können. Die Schwester erwiderte, die Tür sei verschlossen gewesen und im übrigen sei sie der Meinung, daß die Frau geisteskrank gewesen sei, nichts weiter. Trotzdem wurde die Polizei alarmiert und eine Suche eingeleitet, die im Krankenhaus selbst begann.

Santa Rosenda schaute zu, wie Ärzte und Schwestern durch das Gebäude schwärmten und in alle Zimmer sahen, und sie fand das alles ziemlich idiotisch. Sie konnte sich nicht vorstellen, was sie von ihr wollten, mißtraute jedoch ihren Absichten. Während sie durch das Gebäude schwebte und das Durcheinander beobachtete, das sie angerichtet hatte, kam sie in einen Umkleideraum, wo die Schwestern ihre Straßenkleidung ablegten, bevor sie in ihre Uniformen schlüpften.

Das war der Glücksfall, auf den sie gehofft hatte. Kleider, Pullover und Mäntel hingen an Wandhaken, und viele Schließfächer standen offen und boten ihr die Möglichkeit, weitere Kleidungsstücke zu begutachten. Sie brauchte höchstens zehn Minuten, bis sie alles zusammenhatte, was ihr gefiel. Dazu kamen Schuhe, in denen ihre Füße es bequem hatten, und am Ende entdeckte sie noch einen großen italienischen Seidenschal, den sie statt des Tuchfetzens um ihren Kopf winden konnte. Jetzt, so schien es ihr, konnte sie sich durch die Straßen bewegen, ohne aufzufallen.

Um ihre Anonymität zu testen, verließ sie das Krankenhaus durch den Haupteingang und passierte ihn, ohne daß jemand Notiz von ihr nahm.

Die Stadt war anders als jede andere Stadt, die sie gesehen hatte. Auf den Straßen wimmelte es von Menschen. Zwar sahen sie nicht so aus, als seien sie in festlicher Stimmung, doch mußten sie wohl irgendeinen Festtag feiern. Die Automobile (die sie bei sich als Karren bezeichnete)

67

stießen unangenehme Rauchwolken aus, wenn sie vorbei-
fuhren. Ein paar Minuten Kontakt mit der Menge würden
genügen, um sie davon zu überzeugen, daß sie wirklich
nicht auffiel; danach würde sie sich einen ruhigen Ort auf
dem Land suchen und nie wieder einen Fuß in die Stadt
setzen.

Plötzlich erkannte sie unter den verschiedenen Gerüchen
der Straße den schwachen Duft von brennendem Harz in
einem Rauchfaß wieder. Zu ihrer Linken öffnete sich das
Portal einer Kirche. Santa Rosenda wandte sich um und
trat ein.

Vom ersten Augenblick an war alles falsch. Das Licht im
Inneren war fast so hell wie die Sonne selbst und stammte
nicht von Kerzen. Die Musik war anders, als sie hätte sein
sollen.

Sie lauschte, bis der Priester zu sprechen begann. Sie
verstand seine Worte nicht. Doch auf einmal erkannte sie
entsetzt, daß er nicht Latein sprach, sondern die Sprache
der Straße.

Beseelt von dem einen Gedanken, diesen Mann zu packen
und dem nicht endenden Frevel Einhalt zu gebieten, rannte
Santa Rosenda auf den Altar zu.

Die wenigen, die sie bemerkten, versuchten nicht, sie
aufzuhalten. Selbst als sie schon vor dem Priester stand und
er ihr ins Gesicht starrte, leierte er mechanisch weiter die
verhaßten Worte herunter.

Mit beiden Händen stieß sie ihn vor die Brust, und einen
Augenblick lang rangen sie miteinander, während die
Gläubigen auf sie zueilten. Im Getümmel löste sich der
Seidenschal von Santa Rosendas Kopf, so daß vor ihrer aller
Augen der Heiligenschein über ihrem Haar aufstrahlte. Sie
wartete nicht auf die Reaktion des Priesters oder der Ge-
meinde, sondern zog sich eilig in ihre gewohnte Unsichtbar-
keit zurück.

Die Entweihung der heiligen Messe war eine Neuerung, die sie keinesfalls akzeptieren konnte, und jegliches Verlangen, auf der Erde zu sein, war verflogen. In ein paar Jahrhunderten würde sie vielleicht wiederkommen; sie hoffte, daß die Dinge sich bis dahin geregelt hätten.

1986

Sylvie Ann, der Boogie-Mann

Sylvie Ann erwachte früh. Ein süßer Duft lag in der Luft. Es waren keine Blumen, denn in der Gegend, wo sie lebte, bei den Eisenbahngleisen, hatte niemand Platz genug, um Blumen zu pflanzen. Es war der besondere Geruch von Schmutz, jene Art von schwarzem Schmutz, wie man ihn manchmal an einem frühen Morgen im Mai riechen kann, besser als Rosen oder Flieder. Sie bog die Zehen ein paar Mal vor und zurück, und plötzlich fiel ihr ein, daß sie heute Geburtstag hatte. Gestern war sie noch neunundvierzig gewesen, aber heute war sie fünfzig. Dann dachte sie an etwas Schlimmes. Sie sah die weißen Kinder, die auf einem unbebauten Grundstück spielten, gleich nebenan von Mrs. Hofstetter, wo sie montags arbeitete, und hörte ihre verhaßten, durchdringenden Stimmen, wie sie »Sylvie Ann, der Boogie-Mann« sangen. Und der freche kleine Jason kreischte: »Sie ist hundertzehn.« Bei der Erinnerung daran schnaubte sie verächtlich und wälzte sich auf die andere Seite.

Das Bett war viel zu kurz, als daß sie ausgestreckt darin hätte liegen können, aber sie war stolz auf ihre ein Meter fünfundachtzig. Obwohl sie wußte, daß dies ein Grund dafür war, warum man über sie lachte – ihre eigenen Leute hinter ihrem Rücken und die Weißen praktisch in ihr Gesicht –, bedauerte sie nie, so groß zu sein. Manchmal sagte sie zum lieben Gott: »Und vielen Dank auch, daß du mich so gemacht hast, wie ich bin. Sollte ich je was anderes sagen, achte einfach nicht drauf.«

Sie wusch die Wäsche für drei Damen, die auf dem Hügel wohnten: Mrs. Fairchild, Mrs. Lauder und Mrs. MacElroy.

73

Sie hatte noch zwei andere Damen, aber die wohnten downtown und zahlten ihr weniger. Am liebsten ging sie zu Mrs. Lauder, denn bei ihr war es am saubersten. Zumindest war es im Keller und im hinteren Teil des Hauses sauber, den Rest hatte sie nicht gesehen, aber sie war sicher, daß es das sauberste Haus von allen war. Wenn Mrs. Lauders Mädchen in der Frühstücksnische den Tisch für Sylvie Ann deckte, benutzt sie die gleichen Deckchen und dasselbe Geschirr wie im Eßzimmer, und meistens kam Mrs. Lauder selbst heraus, um ihr eine zweite Portion anzubieten. Sylvie Ann nahm sie nicht sehr oft an, aber sie schätzte es, daß man sie fragte.

Mrs. Lauder war die einzige von den drei Damen auf dem Hügel, die nicht gelacht hatte, als Sylvie Ann das erste Mal ihren Schirm zum Wäscheaufhängen mit hinaus genommen hatte. Mrs. MacElroy hatte gesagt: »Aber Sylvie Ann, es regnet nicht. Sieh doch nur, die Sonne scheint.« Und als Sylvie Ann erklärte, die Sonne sei schlecht für ihre Haut, hatte Mrs. MacElroy so laut gelacht, daß sie ihr Gesicht hinter der Schürze hatte verbergen müssen. Und später hatte Sylvie Ann gehört, wie sie der Dame von nebenan erzählte: »Du fällst um, wenn du das hörst. Sie hat Angst vor einem Sonnenbrand. Ist das nicht köstlich?« Zuerst hatte sie daran gedacht, Mrs. MacElroy von der Wäscheleine aus, wo sie stand, zuzurufen und ihr zu erklären, daß ein Sonnenbrand für schwarze Haut genauso schmerzhaft war wie für weiße, aber dann fiel ihr ein, daß, wenn Mrs. MacElroy so dumm war, sie wahrscheinlich zu jenen Damen gehörte, die ihr einfach ins Gesicht lachen und im nächsten Augenblick ärgerlich werden und erklären würden, sie könne sich die Mühe, wiederzukommen, sparen, wenn sie weiterhin so pampig wäre. Dann gäbe es nur noch zwei Damen auf dem Hügel, und sie würde noch jemand von downtown dazunehmen müssen, jemand wie Mrs. Hofstetter. Das aber war nun wirklich das letzte, was sie wollte; immerhin hatte sie vier Jahre gebraucht, um sich diese drei festen Stellen auf dem Hügel zu sichern.

Jeden Morgen nach dem Aufstehen goß sich Sylvie Ann als erstes einen Eimer Wasser über den Kopf und schrubbte sich mit Babyseife und einer Bürste ab. Als sie heute vor Kälte zitternd dastand und ihre langen dünnen Beine rieb, dachte sie: »Fünfzig Jahre und kräftiger als Mrs. Lauder.« Dann dachte sie, was für ein Glück, daß die Arbeit bei Mrs. Lauder dieses Jahr genau mit ihrem Geburtstag zusammenfiel. Es wäre beinahe wie ein Fest. Beim Frühstück überlegte sie hin und her, ob sie Mrs. Lauder von ihrem Geburtstag erzählen sollte oder nicht. Sie hätte es gern getan, denn fünfzig schien irgendwie bedeutend, aber es wäre gräßlich, wenn Mrs. Lauder den Eindruck hätte, daß sie auf ein Geschenk aus war. Letztes Jahr hatte sie ihren Geburtstag erst eine Woche später erwähnt, und Mrs. Lauder hatte gefragt: »Warum hast du mir das nicht früher gesagt?«

Um Viertel nach sieben, als sie zu Mrs. Lauder aufbrach, war ein wenig von dem süßen Duft des Morgens verflogen, denn mittlerweile gab es Autos auf den Straßen. Die Sonne schien bereits sehr heiß, und Sylvie Ann war froh, daß sie an den Schirm gedacht hatte, denn sie würde ihn später brauchen.

Beim Schreibwarenhändler gegenüber vom Holzplatz machte sie halt, um eine Packung Hustenbonbons mit Menthol zu kaufen. Er öffnete früh, weil die Leute in dieser Gegend zeitig aufstanden. »Danke recht schön, Mr. Schwartzman«, sagte sie, ließ ihr Portemonnaie zuschnappen und hoffte, sich aus dem Staub machen zu können, bevor er ihr dieselbe dumme Frage stellte wie fast jeden Tag. Doch gerade als sie das Fliegengitter aufstoßen wollte, kam sie. »Also haben Sie immer noch keinen Freund?«

»Mr. Schwartzman«, sagte sie nachdrücklich, »Sie wissen

75

doch ganz genau, daß ich keinen Freund habe. Was sollte ich bloß mit einem Freund anfangen? Ich habe Wichtigeres im Kopf als solche Narrheiten.« Damit trat sie hinaus, achtete jedoch darauf, die Tür nicht zuknallen zu lassen, damit Mr. Schwartzman nicht glaubte, sie wäre ernstlich böse auf ihn.

Die Uhr am Musikpavillon im Park mußte auf zwanzig vor acht stehen, wenn sie daran vorbeikam. Sie tat es, und das bedeutete, daß sie genau um acht bei Mrs. Lauder ankommen würde. Es war eine gute Sache, pünktlich zu sein, denn wenn sie auch nur zehn Minuten zu spät kam, wurde sie von Mrs. Lauder, die immer in der Frühstücksnische saß und sie unweigerlich sehen mußte, wenn sie die Hintertreppe zur Küche hinaufstieg, mit den Worten begrüßt: »Lieber Himmel, Sylvie Ann, du bist aber spät dran! Was war denn los?« Und dann lehnte sie sich mit einem so erwartungsvollen Gesichtsausdruck zurück, daß Sylvie Ann das Gefühl hatte, ihr irgend etwas erzählen, ihr einen guten Grund nennen zu müssen, warum sie nicht genau um acht dagewesen war. Das haßte sie, denn in diesen Augenblicken hatte sie den Eindruck, daß Mrs. Lauder ihr nur zum Schein glaubte, als wüßte sie, daß Sylvie Ann nicht die Wahrheit sagen konnte, selbst wenn sie es versuchte, so daß Sylvie Ann, die normalerweise die Dinge genauso erzählte, wie sie passiert waren, sich dabei ertappte, daß sie irgendwelche Details von ihrem Weg durch die Stadt herauspickte und sie in kleine Zwischenfälle verwandelte, die sie irgendwie aufgehalten und verhindert hatten, daß sie pünktlich kam. Das Dumme war, sie mochte Mrs. Lauder, und da Mrs. Lauder so eindeutig eine Erklärung erwartete, hatte sie das Gefühl, daß sie eine für sie erfinden mußte. Es war also wirklich viel besser, rechtzeitig dazusein.

Als sie heute ankam, konnte sie sehen, daß etwas Außergewöhnliches im Gange war. Die Fenster im oberen Stock-

76

werk standen offen, und Ingrid war dabei, die Läufer auf den Fenstersimsen auszubreiten. Mehrere größere Teppiche lagen im Garten hinter dem Haus, wo Whiskers d'Alessio, ein italienischer Junge, der den Rasen mähte und andere Jobs außerhalb des Hauses erledigte, sie mit einem Teppichklopfer bearbeitete. Whiskers hatte zuviel Unsinn im Kopf, und auch jetzt blinzelte der Schalk in seinen Augen, als er »Hi, Sylvie Ann!« rief. Sie nickte ihm zu. »Hallo, wie geht's dir heut morgen?« sagte sie. Dann trat sie schnell in die Küche, ohne ihm Gelegenheit zu lassen, noch etwas zu sagen.

Mrs. Lauder saß in der Frühstücksnische wie immer. Dr. Lauder hatte sein Frühstück beendet und war gegangen; auf dem Teller unter seiner Kaffeetasse lag Zigarettenasche. »Guten Morgen, Sylvie Ann«, sagte Mrs. Lauder und stand auf. »Ich habe mich schon gefragt, ob du heute pünktlich kommen würdest.«

»Morgen, Mrs. Lauder«, sagte Sylvie Ann und setzte hinzu: »Es ist genau acht«, für den Fall, daß Mrs. Lauder glaubte, sie käme zu spät. Doch Mrs. Lauder achtete nicht darauf. »Wir haben alle Hände voll zu tun heute morgen«, sagte sie. »Ich gebe ein Diner für meine Clubdamen und möchte, daß alle Laken und größeren Teile verschwunden sind, bevor sie kommen. Die Sonne scheint wunderbar, da wird alles schnell trocken.« Wenn Mrs. Lauder das Wort *Diner* benutzte, hieß das automatisch, daß sie Gäste erwartete, sonst sagte sie *Mittagessen* wie jeder andere auch.

Sylvie Ann sah, daß ihr Blick wie gewöhnlich zu dem Schirm wanderte, den sie unter dem Arm trug, aber sie wußte, daß Mrs. Lauder nie etwas dazu sagen würde, denn sie gehörte ganz eindeutig zu der Sorte Damen, die sich nicht in die Angelegenheiten anderer einmischen. »Mrs. Lauder ist die netteste Dame, die ich habe«, erzählte Sylvie Ann ihren Freundinnen immer, und manchmal, wenn sie

77

sich ein wenig besser fühlte als sonst, setzte sie hinzu: »Und auch die hübscheste, würde ich sagen.« Mrs. Lauders Haar fing gerade an, silbrig zu werden, was ihre kobaltblauen Augen nur noch leuchtender und ihre Wangen rosiger erscheinen ließ. In Sylvie Anns Augen sah sie aus wie eine erwachsene Puppe. Ihre Nettigkeit war nicht unbedingt von der Art, die Sylvie Ann ein Gefühl von Ungezwungenheit vermittelte, doch sie hatte in ihrem Leben nur sehr wenige Weiße getroffen, die ihr ein solches Gefühl geben konnten, und das war immer in Bussen oder Geschäften oder einfach auf der Straße gewesen, und sie hatte sie nie wiedergesehen, nachdem sie ein paar Sekunden lang einfach nur nett und ungezwungen gewesen waren, so daß sie sich fragte, ob, wenn sie sie irgendwie näher kennengelernt hätte, ihre Nettigkeit sich nicht als ebenso steif und unsicher entpuppt hätte wie die von Mrs. Lauder. Doch Mrs. Lauder meinte es gut. Es gab nur ein kleines Problem mit ihr, und zwar, daß sie so pedantisch war. Sie war die einzige von Sylvie Anns Damen, die jedes Mal mit ihr in die Waschküche ging und ihr haarklein erklärte, wie sie alles erledigt haben wollte – welche Teile zuerst gewaschen werden sollten und mit welcher Seife und wie heiß das Wasser für jedes einzelne Häufchen sein mußte. Sie ging sogar mit hinaus und zeigte ihr genau, wo sie die Wäsche aufhängen sollte. Und natürlich mußte alles von Hand gewaschen werden, eine Waschmaschine wäre ihr nie ins Haus gekommen. Es stimmte, wenn Sylvie Ann sich genau an das hielt, was ihr gesagt worden war, hatte Mrs. Lauder nie etwas an ihrer Arbeit auszusetzen, wie es bei den anderen Damen häufig vorkam, trotzdem wünschte Sylvie Ann, sie würde sie in Ruhe lassen. »Ich verstehe mich aufs Waschen«, sagte sie, wenn ihre Schwester zu Besuch kam. »Warum kann sie mich nicht einfach machen lassen? Scheint fast so, als täte sie mir nicht trauen.«

»Das stimmt. So sind sie eben«, sagte ihre Schwester.

Und jedesmal achtete Sylvie Ann darauf, hinzuzusetzen: »Trotzdem ist sie eine mächtig feine Dame.«

Mrs. Lauder fegte ein paar Toastkrümel vom Tisch in ihre Hand und schüttete sie auf einen Teller. »Nun«, sagte sie munter, »dann wollen wir hinuntergehen und mit der Arbeit beginnen.« Sie ging voran zur Kellertreppe. Auf halbem Weg durch die Küche zögerte sie einen Moment und ging dann weiter. Als sie zur Tür der Anrichte kamen, wandte sie sich um und sagte zu Sylvie Ann: »Möchtest du etwas sehr Schönes sehen, Sylvie Ann?«

Sylvie Ann öffnete den Mund, um zu sagen: »Ja, Mrs. Lauder«, doch Mrs. Lauder ließ ihr keine Gelegenheit dazu. »Komm einen Augenblick hier herein, und ich zeige es dir«, sagte sie impulsiv und stieß eine Schwingtür auf. Auf dem Büffet stand ein großer Lederkasten mit Schubladen, einige davon offen. Sie waren mit violettem Satin ausgeschlagen und bargen Löffel und vornehme Messer und Gabeln, deren Griffe zum Teil mit Perlmutt verziert waren.

»Ist das nicht hübsch?« murmelte Mrs. Lauder, und ihre Stimme klang anders als sonst. Sylvie Ann warf ihr einen raschen Blick zu, um zu sehen, ob sie weinte, denn so klang es, aber das war nicht der Fall.

»Wirklich hübsch«, stimmte Sylvie Ann ihr zu. Mrs. Lauders Verhalten war ihr unangenehm.

»Erinnerst du dich, um Ostern habe ich dir erzählt, daß Dr. Lauders Mutter gestorben ist. All dieses schöne Silber gehörte ihr. Manches davon stammt noch aus der Revolutionszeit. Das ist lange, lange her.« Mrs. Lauders Stimme zitterte noch immer.

»Sie haben genauso eins bei Kaminsky's«, sagte Sylvie Ann. »Ist wirklich hübsch, Mrs. Lauder.«

Plötzlich fing Mrs. Lauder an zu lachen. Sylvie Ann war überrascht und schockiert. Es war, als würde bei einer Beerdigung jemand am offenen Sarg kichern.

»O nein, Sylvie Ann!« rief sie und lächelte. »Das ist Silber von unschätzbarem Wert! Sterling. Reines Silber. Und einige Löffel, die dunkleren, sind aus sogenanntem Münzsilber. Früher hat man das Geld eingeschmolzen und daraus Löffel gemacht. So was kann man in der ganzen Stadt nicht kaufen.«

Sylvie Anns Schirm fiel zu Boden. Sie bückte sich und hob ihn auf. »O doch, Mrs. Lauder«, sagte sie ernsthaft. »Genau dasselbe gibt's jetzt bei Kaminsky's. Ein großer Kasten mit Schubladen und alles, haargenau dasselbe.« Sie hatte ihn erst letzte Woche im Fenster gesehen und war volle fünf Minuten bewundernd davor stehengeblieben.

»Sylvie Ann, sei nicht albern«, sagte Mrs. Lauder vorwurfsvoll, und ihre Stimme klang beinahe ärgerlich. »So etwas *kann* es bei Kaminsky's einfach nicht geben. Zum einen ist es ein Haushaltswarengeschäft.« Sie schien noch mehr sagen zu wollen, doch dann lächelte sie und zögerte einen Augenblick. »Vielleicht *sah es so aus* wie das hier«, schloß sie versöhnlich. Dann seufzte sie und wandte sich zur Tür. »Doch jetzt müssen wir uns sputen.«

Den ganzen Vormittag über, während Sylvie Ann die Wäsche wusch, dachte sie über die kleine Szene nach, und von Minute zu Minute steigerte sich ihre Empörung. »Stellt mich als Lügnerin hin«, sagte sie leise. »Eingebildet wie sonst was auf ihre Messer und Gabeln. Glaubt wohl, sie hätte was, was keiner hat.« Wenn es eine der anderen Damen gewesen wäre, hätte es ihr nicht so viel ausgemacht, aber da es von Mrs. Lauder kam, sah sie darin einen ernsten Bruch ihrer Freundschaft. Um die Mittagszeit hatte sich der kleine Satz »Sie sind alle gleich« in ihren Monolog eingeschlichen. Als Ingrid kam und ihr sagte, das Mittagessen sei fertig, richtete sie sich zu ihrer vollen Größe auf, wischte sich das Gesicht mit einem schmutzigen Geschirrtuch ab und seufzte: »Und das ist die reine Wahrheit!«

80

Sie saß in der Frühstücksnische und sah hinaus in den Garten, wo Mrs. Lauder und Ingrid unter einer Pergola den Tisch für das Diner gedeckt hatten. In der Mitte stand eine große Vase mit weißen Rosen, und das Tischtuch war schwarzweiß gestreift. Wie die Sträflinge bei uns zu Hause, dachte sie verächtlich und zerstach das Dotter des pochierten Eis, das ihr Hackfleisch krönte. »Eingebildet wie sonst was.« Das Geräusch ihrer geflüsterten Worte hallte noch immer am Grund ihres Bewußtseins wider.

Als sie fast fertig war, hörte sie Mrs. Lauder in die Küche kommen und ein wenig außer Atem sagen: »Ingrid, kannst du mir das zuhaken? Ich scheine heute zwei linke Hände zu haben.« Plötzlich fragte sie: »Ist Sylvie Ann versorgt?« und einen Augenblick später stand sie in der Frühstücksecke, mit einer Tasse und Untertasse in der Hand, fertig angezogen und eine Wolke von Parfum verbreitend.

»Hier ist dein Tee, Sylvie Ann. Ich weiß, daß du ihn mit zwei Scheiben Zitrone magst. Kommst du zurecht?«

»Danke schön, Mrs. Lauder«, sagte Sylvie Ann.

»Du ißt wirklich wie ein Vögelchen, Sylvie Ann«, fuhr Mrs. Lauder fort. »Wie ein Spatz.« Das sagte sie immer, wenn sie hereinkam und Sylvie Ann beim Mittagessen entdeckte. Sylvie Ann gab keine Antwort.

Mehr als dächte sie vor Sylvie Ann laut nach, statt tatsächlich mit ihr zu reden, fuhr Mrs. Lauder fort: »Ich fürchte, ich habe nicht viel dazu getan, um das Ganze festlich zu gestalten. Ich bin wahrscheinlich einfach nicht gut darin, Parties zu geben. Du solltest die Tische der anderen Damen sehen, wenn sie eine Dinnerparty geben. Manche sind einfach wunderbar.« Sie warf einen Blick aus dem Fenster auf ihren Tisch unter den Glyzinien. Sylvie Ann wußte, sie wollte, daß sie ihr sagte, wie hübsch er aussah, doch sie nippte nur an ihrem Tee und sagte nichts. Sie war gemein zu Mrs. Lauder, und genau das wollte sie auch sein.

»Zwei meiner Clubdamen haben diese Woche Geburtstag, so daß es praktisch ein gemeinsames Geburtstagsessen für sie ist. Ingrid hat einen wundervollen Kuchen gebacken. Ich werde dafür sorgen, daß sie dir ein Stück einpackt, bevor du gehst.«

Sylvie Ann setzte ihre Tasse ab, und ehe sie sich versah, hatte sie gesagt: »Heute ist *mein* Geburtstag.« Sie hatte ihn gar nicht erwähnen wollen, doch jetzt war es heraus.

»Ist das wahr?« rief Mrs. Lauder. »Aber Sylvie Ann, das hättest du mir sagen sollen!«

Sylvie Ann spürte ihr Herz schnell und heftig schlagen, und der Arzt hatte ihr gesagt, sie solle sich nicht aufregen. Nun blieb ihr nichts anderes übrig, als die Sache so schnell wie möglich hinter sich zu bringen.

»Ich bin fünfzig geworden«, sagte sie und staunte über den Klang des Wortes. Es war das erste Mal, daß sie es laut ausgesprochen hatte, und sie war froh darüber, daß sie es getan hatte, denn in gewisser Weise fühlte sie sich jetzt anders, und das heftige Herzklopfen hatte auch nachgelassen.

»Du bist fünfzig geworden?« wiederholte Mrs. Lauder ungläubig, aber mit einer Stimme, die wirkliches Interesse verriet, als habe sie jetzt erst begonnen, ihr Beachtung zu schenken und an dem Gespräch teilzunehmen, und Sylvie Ann dachte flüchtig: Sie ist selbst fünfzig, deshalb.«

»Ja, Mrs. Lauder, ganz recht.« Es noch einmal zu bestätigen, hob ihre Stimmung so sehr, daß sie hinzusetzte: »Sie hätten nicht gedacht, daß ich so alt bin, nicht wahr?«

Mrs. Lauder zögerte. »Um die Wahrheit zu sagen, nein«, antwortete sie. »Vermutlich habe ich nie drüber nachgedacht.« Wieder machte sie eine Pause und sagte dann: »Schön, schön! Nun, jedenfalls wünsche ich dir alles Gute.«

Um halb vier kam Ingrid mit einem Glas eisgekühltem Traubensaft und vier dünnen Keksen in die Waschküche,

82

die sie auf den Tisch neben dem Bügelbrett stellte, ohne etwas zu sagen. Sylvie Ann wußte, daß Mrs. Lauder sie geschickt hatte, weil heute ihr Geburtstag war, und aus irgendeinem Grund versetzte sie das von neuem in Wut.

Die Damen im Garten hatten fast ununterbrochen gelacht und geplaudert, seit sie angekommen waren; sie fragte sich vage, worüber sie wohl plauderten, doch die Fenster der Waschküche waren zu weit entfernt, als daß sie sie hätte verstehen können. Jedesmal, wenn sie zu dem hohen Glas hinübersah, an dem Tropfen hinunterliefen, wurde sie wütend und knallte das Bügeleisen auf das Brett. Ich werde es nicht trinken, nahm sie sich vor, und nach einer Weile hatte sie das Gefühl, daß sie es auf keinen Fall trinken könnte, nicht einmal, wenn ihr Leben davon abhinge. Als sie den Pyjama zu Ende gebügelt hatte, nahm sie das kalte Glas, beugte sich über eine der Waschwannen und goß den Traubensaft direkt in den Ausguß. Während er den Abfluß hinabrann, sah sie sich schuldbewußt über die Schulter. Die Kekse legte sie in einer Reihe auf das Fenstersims über den Wannen, und dann nahm sie ihre Arbeit wieder auf. Irgendwie fühlte sie sich traurig und abgeschnitten von dem hellen Nachmittag draußen.

Sylvie Ann arbeitete immer schnell; heute aber schien sie noch schneller zu sein als sonst. Normalerweise gab es, wenn es halb fünf wurde, immer noch einen großen Stapel Bügelwäsche; dann kam Mrs. Lauder herunter und zeigte ihr, welche Stücke sie noch gebügelt haben wollte und welche für Ingrid liegenbleiben konnten, die dazu neigte, die Sachen zu verbrennen, und der man daher »die guten Sachen« nicht anvertrauen konnte. Vielleicht war es heute weniger Wäsche gewesen als sonst, jedenfalls war Sylvie Ann um Viertel vor fünf mit dem letzten Stück fertig. Sie zog den Stecker des Bügeleisens aus der Steckdose, wand sich das Badetuch vom Kopf und setzte ihren Hut auf. Dann

83

schloß sie leise die Fenster, die so hoch gelegen waren, daß selbst sie sich dazu auf Zehenspitzen stellen mußte. Einer der Kekse fiel vom Fenstersims herunter und hinter eine Waschwanne. Sie ließ ihn dort im Dunkeln liegen. Die Clubdamen waren bereits gegangen, und Dr. Lauder stand an dem unabgeräumten Tisch unter der Pergola und unterhielt sich mit Mrs. Lauder, die hinter den Glyzinien verborgen war. Als Sylvie Ann beide Fenster verriegelt hatte, nahm sie ihren Schirm von einem Haken an der Wand und ging hinauf, um ihren Mantel aus der Garderobe zu holen. Sie hoffte, daß Ingrid ihr das Geld auf den Küchentisch gelegt hatte.

Das Fenster, das hier in den Garten hinausging, war das der Pergola nächstgelegene; als sie in ihren Mantel schlüpfte, hörte sie Mrs. Lauder sagen: »Ich hätte ihr eine Kleinigkeit geschenkt, aber sie hat es mir erst beim Mittagessen erzählt.«

Dr. Lauder kicherte. »Eine Dose Herdpolitur etwa?« schlug er vor. Sylvie Ann stand mucksmäuschenstill und hielt den Atem an.

»Charles, um Himmels willen!« rief Mrs. Lauder. Ihre Stimme klang nervös. »Sie ist noch da. Ich habe dir doch gesagt, daß sie noch nicht gegangen ist.«

Einen Augenblick lang sagte keiner von beiden etwas. Sylvie Ann stand weiter wie angewurzelt da und lauschte. Die Garderobe roch nach Naphthalin. Dann fuhr Mrs. Lauder mit sehr leiser Stimme, doch vollkommen verstehbar fort: »Sie hat gesagt, es sei der fünfzigste. Wie ist das möglich, Charles? Sie muß viel älter sein.«

»Ich hoffe, du glaubst nicht, daß sie wirklich weiß, wie alt sie ist«, erwiderte Dr. Lauder. »Das wissen sie nämlich nie, jedenfalls nicht diese Sorte. Ich wette, daß sie keine Ahnung hat, wie alt sie ist.«

»Wie alt würdest du sie schätzen?«

»Wie soll ich das wissen? Schwer zu sagen. Sie wirkt älter als Methusalem.«

»Weißt du, Charles, ich dachte, es wäre nett, wenn du sie heute ein einziges Mal nach Hause fahren könntest.«

»Du meinst, jetzt gleich? Nun mach aber mal halblang, meine Liebe!« protestierte er. »Ich habe einen harten Tag hinter mir!«

»Sie würde sich so freuen, Charles«, sagte Mrs. Lauder. »Es wäre Balsam für ihre arme alte Seele, und schließlich ist doch heute ihr Geburtstag.«

Als Dr. Lauder nicht antwortete, weiteten sich Sylvie Anns Augen, denn sie war sicher, daß er nachgegeben hatte, und sie wußte, daß sie nicht in seinen Wagen steigen würde, ganz gleich, was passierte. Mrs. Lauders nächster Satz bestätigte ihre Angst: »Halt auf dem Rückweg bei Bohm's an und bring mir ein Pfund Erdnußkrokant mit, ja, Liebling? Ich habe Lust auf etwas Süßes.«

Sylvie Ann riß die Tür auf und stürzte in die Küche, wo Ingrid vor dem Spülbecken stand und sie erstaunt ansah. Sie mußte durch die Hintertür und die Treppe hinunter, bevor Dr. Lauder hereinkam, oder sie war verloren. »Oh, lieber Jesus«, stöhnte sie, als sie die Tür erreichte, denn sie sah, wie er über den Rasen kam. Sie klapperte die Stufen hinab und bog um die Ecke des Hauses, ohne noch einmal aufzublicken. Sie hörte die Rufe: »Sylvie Ann!« und »Was ist denn los?« hinter sich, und hatte das Gefühl, daß Dr. Lauder und seine Frau ganz nah hinter ihr waren und sie jeden Augenblick berühren könnten, doch irgendwie blieb das Haus hinter ihr zurück, und sie war auf der Straße. Selbst hier hielt sie nicht an, sondern rannte mit großen, langen Schritten wie ein Sprinter. Ihr Schirm war ihr vom Arm gerutscht, doch sie sah sich nicht um.

Sie war schon halb die Union Street hinunter, als der Wagen mit Dr. Lauder und seiner Frau ein Stück vor ihr

85

rechts ranfuhr. Sie sah sie aus den Augenwinkeln und lief weiter, obgleich sie wußte, daß es hoffnungslos war.

»Sylvie Ann!« rief Mrs. Lauder und beugte sich aus dem Fenster. »Was ist los? Was um Himmels willen ist passiert? Sylvie Ann!«

Sylvie Ann blieb stehen und lehnte sich Halt suchend gegen einen Baum. Ihr Herz fühlte sich an, als wollte es explodieren. Sie sah nicht zu den Lauders hin.

Mrs. Lauder öffnete die Wagentür, ohne jedoch auszusteigen. »Was ist passiert, Sylvie Ann?« rief sie und wartete.

Als Sylvie Ann wieder Luft bekam, begann sie zu husten. Dann stieß sie, ohne den Blick von der Straße zu heben, zwischen den Hustenanfällen hervor: »Ich komme nicht mehr zu Ihnen zur Arbeit, Mrs. Lauder.«

»Je nun, Sylvie Ann«, begann Mrs. Lauder, doch dann fiel ihr nichts mehr ein, was sie hätte sagen können.

»Nein, ma'am!« sagte Sylvie Ann.

»Also, jetzt hör mal, Sylvie Ann«, sagte Mrs. Lauder etwas sanfter. »Warum steigst du nicht ein, und wir reden darüber. Ich habe deinen Schirm hier. Du hast ihn im Eingang verloren. Und ich habe dir noch nicht dein Geld gegeben, weißt du. Also mach schon, steig ein.« Sie langte nach hinten und öffnete die Tür für Sylvie Ann.

»Wenn Sie mir mein Geld und meinen Schirm geben wollen, bitte sehr«, sagte Sylvie Ann. »Aber einsteigen werd' ich nicht. Auch andere Leute haben hübsche Messer, verstehen Sie. Nicht nur Sie.«

»Hübsche was?« fragte Dr. Lauder seine Frau.

»Ich glaube, sie hat Messer gesagt«, antwortete sie, und ihre Stimme klang so unschuldig, als hätte sie keine Ahnung, wovon Sylvie Ann sprach.

Jetzt rief Dr. Lauder laut aus dem Fenster: »Komm hier herüber, Sylvie Ann.« Das war ein Befehl. Er hielt das Geld aus dem Fenster und winkte damit. Sylvie Ann ging unsi-

86

cher hinüber und nahm es ihm aus der Hand. Dann streckte er ihr den Schirm hin, und sie nahm auch den. »Schließ die Tür«, sagte er zu Mrs. Lauder. Sie tat es.

»Ich verstehe das nicht, Sylvie Ann«, sagte Mrs. Lauder traurig und beugte sich aus dem Fenster. »Wir sind doch immer so gut miteinander ausgekommen.«

»Laß sie gehen, *um Gottes willen!*« schrie Dr. Lauder. »Siehst du denn nicht, daß sie ...« Er dämpfte seine Stimme und murmelte seiner Frau etwas zu. Der Wagen rollte langsam an.

Mrs. Lauder beugte sich weit aus dem Fenster und sah zurück zu Sylvie Ann, während sie davonfuhren. »Also denk noch mal darüber nach und warte ab, wie du dich nächste Woche fühlst«, rief sie. »Ich hoffe, du änderst deine Meinung.« Dann wandte Dr. Lauder den Kopf und begann, ärgerlich auf Mrs. Lauder einzusprechen, während sie sich entfernten.

Sylvie Ann kehrte zu dem Baum zurück und lehnte sich eine Weile dagegen, um auszuruhen. Schließlich ging sie weiter, aber nicht sehr schnell. Es war halb sieben, als sie nach Hause kam.

Der Abend war so warm, daß sie beschloß, sich eine Weile auf die Vorderveranda zu setzen, bevor sie zum Essen hineinging. Es gab einen Stern am dämmrigen Himmel, und als der Himmel dunkler wurde, war er heller als die anderen. Sie saß viel länger dort als beabsichtigt, bis dieser Stern und viele andere außer Sichtweite gerutscht waren. Zuerst fiel ihr gar nicht auf, daß der helle Stern verschwunden war, und sie verwechselte ihn mit anderen, doch als sie merkte, daß er weg war, stand sie auf, trug ihren Stuhl hinein und schloß die Tür.

1958

Leuchtender Horizont

Fahre im Taxi durch Midtown Manhattan in westlicher Richtung. Jenseits der Eighth Avenue gehen die Straßen in zerfurchte, von Bäumen gesäumte Feldwege über, mit Wiesen zu beiden Seiten. Hie und da ein weißes Farmhaus. Ich präge mir alles ein und nehme mir vor, diesen Teil der Stadt zu erforschen, wenn ich zurückkomme.

Das Schiff ankert an der Spitze der Battery. Ich springe aus dem Taxi und laufe die Landungsbrücke hinauf. Sehe, wie Besatzungsmitglieder mir aus weit entfernten Eingängen zuwinken und Zeichen geben, daß ich mich beeilen soll. Ich bin der einzige auf der Landungsbrücke. Alle anderen sind an Bord.

Das Schiff ist voll besetzt, ja überfüllt, und nicht viel breiter als ein Zug. Die einzelnen Räume sind miteinander verbunden wie die Abteile in einem Zug. Es gibt keine Fenster, keine Bullaugen. Die Wände sind leer. Es ist ein Unterwasserzug. Im Speisewagen sitzt ein uniformierter Steward mit den Gästen am Tisch und spielt Akkordeon. Hinter den Tischen, die nicht abgeräumt worden sind, sieht man Reihen von Kojen, die Schlafenden darin nur notdürftig abgeschirmt von grünen Filzvorhängen.

Ich bahne mir einen Weg nach oben zu einem schmalen Deck und sehe, wie das Wasser rechts und links vorbeirauscht. Der Himmel ist leuchtend klar, so wie man ihn sonst nur in der Sahara sieht, der Ozean vollkommen glatt. Es wäre ein guter Platz zum Bleiben, würde es hier nicht wimmeln von Mannschaftsangehörigen: Köche, Offiziere und Stewards, die alle durcheinanderlaufen. Ich gehe wieder nach unten und versuche meine Kajüte zu finden. Doch da ist nur die endlose Reihe von schwach erleuchteten Abteilen voller Menschen, die betrunken oder krank wirken. Ich gebe die Idee auf, meine Kajüte zu finden, und beschließe, statt dessen mein Gepäck zu suchen. Getrieben von diesem Gedanken, kämpfe ich mich mühsam durch einen Wagen nach dem anderen. In diesem Bereich des Schiffes gibt es mehr Lampen, und auch das Mobiliar ist eleganter. Einige Passagiere tragen Abendkleidung, obwohl auch hier noch eine Menge in Pyjamas und Nachthemden herumlaufen. Ich setze meinen Weg zum Bug des Schiffes fort. Plötzlich merke ich, daß wir gar nicht mehr fahren. Dann, daß dieser Teil des Schiffes leer ist. Ich mache kehrt und gehe durch ein Dutzend oder mehr Abteile zurück. Niemand kommt mir entgegen. Ich stoße auf eine kleine Wendeltreppe. Sie führt zu einem Deckbereich.

Was ich sehe, verwundert mich. Der Ozean liegt spiegelglatt da. Doch wir haben eine kleine Insel angelaufen – da stehen ein paar Gebäude auf einer Plattform, die sich knapp über der Wasseroberfläche erhebt. Dies erscheint mir ein wunderbarer Ort, aber im gleichen Augenblick weiß ich, daß niemand an Land darf. Kurz darauf setzen wir unsere Fahrt fort. Ich bleibe an Deck in diesem Eckchen, wo sich niemand aufhält außer mir, und betrachte den leuchtenden Horizont vor mir, glücklich, auf dem Weg zum Neuen Kontinent zu sein.

Der Neue Kontinent, bisher nur auf den allerneuesten Karten verzeichnet, wurde vor zehn Jahren entdeckt. Nur die nördlichste Spitze wurde erforscht; der Rest ist größtenteils eine Frage von Spekulationen. Die Karten jedoch, die aus Luftaufnahmen zusammengestellt wurden, zeigen das kleinste topographische Detail. Ich habe sie sorgfältig studiert und sehe jetzt alle Einzelheiten auf dem gelackten Himmel vor mir ausgebreitet. Alle Karten des Neuen Kontinents stehen auf dem Kopf – das heißt, der Norden ist immer unten. Das unterscheidet sie von Karten der bekannten Kontinente. Etwa tausendneunhundert Meilen südlich der Spitze, wo die ersten Forschungsexpeditionen stattfanden, gibt es eine gewaltige Bergkette, die das Land so gerade wie ein Lineal durchschneidet. Die Gegend jenseits dieser Bergbarriere soll phantastisch sein.

Das Schiff landet an einem langen, flachen Strand mit unberührtem, weißen Sand. Ich klettere über die Reling und springe hinunter. Ich weiter Ferne sehe ich eine Gruppe von Leuten mit Picknickkörben und Sonnenschirmen und begreife entsetzt, daß ich gar nicht auf dem Neuen Kontinent stehe. Er liegt auf der anderen Seite des Wassers und ist von hier aus nur ein strahlendes Leuchten im Süden. Zu meiner Rechten deutet ein Schild auf eine schäbige hölzerne Pier. Diesen schmalen Steg muß man benützen, um die Meerenge zu passieren. Es fehlt jedoch jeglicher Hinweis, wie weit es bis zum anderen Ende ist. Ich habe den Eindruck, daß das Wasser fast überall bis dorthin sehr flach ist. Als ich außer Sichtweite des Landes bin, merke ich, daß der Steg etwas weiter vor mir ein wenig durchhängt, so daß er knapp unter der Wasseroberfläche verläuft. Ich gehe vorsichtig weiter, manchmal kann ich die Planken sehen, und manchmal muß ich raten, wo ich den Fuß hinsetzen soll. Ganz allmählich versinkt der Steg im Meer, das Wasser reicht mir jetzt schon bis zur Brust. Mir wird klar, daß ich nicht zum Neuen Kontinent laufen kann, und ich mache kehrt, um denselben Weg zurückzugehen. Jetzt ist der Steg völlig verschwunden. Um mich herum ist nur das Meer, in dem ich langsam versinke wie in Treibsand. Für den Bruchteil einer Sekunde steht der ganze Himmel in Flammen. Doch die Gewißheit, daß ich soeben gestorben bin, hält mich nicht davon ab, zu denken, daß es eine andere Möglichkeit geben muß, dorthin zu gelangen.

1977

93

Schiffbruch

Der Motor sang die ganze Nacht. Jeder hat nur ein Lied, hast du gesagt. Zuerst ging es bloß darum, unbekleidet in dem dunklen Haus zu stehen, die Hand auf der Stehlampe. Das kann man variieren, und manchmal tut man es, geringfügig. Ich sah die Matratze auf dem Boden liegen, und dann wurde mir klar, daß es keine Türen zwischen den Zimmern gibt. Wenn ich die Lampe anknipste, würde man mich von der Straße oder von den anderen Zimmern aus sehen können.

Das ist es, du attackierst deine Eltern. Als ich nach oben ging, sang ich. Ich kam in das Zimmer und tastete nach dem Lichtschalter, aber es gab kein Licht. Trotzdem konnte ich das kaputte Bett sehen und den Müll, der sich meterhoch darum angesammelt hatte. Du wenigstens variierst es, indem du manchmal auch deine Großeltern attackierst.

Im nächsten Stockwerk rief ich laut und tanzte einen kleinen Tanz. Der Atlas lag in der Mitte dort auf dem Boden. Die Möglichkeit einer fremden Gegenwart nahm zu. Ich drehte mich um und rannte die Treppe hinunter. Auf den Stufen stapelten sich Unmengen von Koffern. Ich kam unten an und stieß die Tür auf, die in den Flur führt. Die Tür wollte nicht schließen. Sie sprang immer wieder auf. Ich versuchte sie so lange zuzudrücken, bis ich den Schlüssel umgedreht hatte.

Geräuschlos war jemand die Treppe herabgekommen und versuchte jetzt, einen Arm zwischen Tür und Angel zu schieben. Ich sah den Arm und wußte, daß die Tür sich niemals schließen lassen würde. Alles war Teil des gleichen Ganzen.

Ich erinnerte mich, wie ich gezögert hatte, als ich den Schlüssel im Schloß herumdrehte, bevor ich hinaufging. Werde ich mir in einer Sekunde wünschen, daß ich den Schlüssel nie angerührt hätte? Und wenn ich mich richtig erinnere, ein Abstecher zu den Kletterpflanzen, die sich auf einer Seite der Klippe ausbreiten, um einen Augenblick lang das helle Mondlicht zu betrachten, das durch die vielen Blätter schimmert. Doch ich muß das Verlangen gehabt haben, an diesen Platz zurückzukehren, und sogar den Drang, dort zu schlafen. Es sieht mir gar nicht ähnlich, so etwas zu tun, aber alles andere ist ausgeschlossen, nur daß ich zurückging, denn beim zweiten Mal gelang es mir, mich auf einer Sonnenterrasse mit vielen Fenstern einzuschlie-ßen, von wo man die Stadt unterhalb und das Meer sehen kann.

Als ich mich umwandte, um durch den Flur zu laufen, sah ich aus den Augenwinkeln die Tür aufschwingen und sagte: *Gracias a Dios!*

Ich hatte dort lange geschlafen, dann stand ich auf, indem ich über das Fußbrett des Bettes kletterte, und griff nach einer großen, flachen Schachtel, die auf dem Tisch neben der Tür stand. Ich schmetterte sie, so fest ich konnte, zu Boden, und es hörte sich an wie eine kleine Trommel. Sicher hallte es durchs ganze Haus. Dann tanzte ich einen schnel-len *zapateado,* etwa sechzehn Takte lang, sehr laut.

Was für eine Art von Mensch kann in einer Dachkammer eingesperrt leben? Und wie lange hatte dieses Haus leerge-standen? Eine Geschichte gibt es nicht. Später bist du da und hämmerst mir ein, daß jeder von uns sein eigenes Lied hat. Dies, um sagen zu können, daß das Thema meines Liedes, die Attacke auf die Eltern, überhaupt nicht unge-wöhnlich ist. Das einzig Tugendhafte an meinem Lied, so fährst du fort, ist, daß ich die Attacke auf die Großeltern ausdehne. Das kommt mir sehr merkwürdig vor, denn mir will nicht ein einziges Beispiel für einen solchen Angriff einfallen. Ich glaube, das, was du sagst, besäße seine Gültigkeit und wäre amüsant, wenn es wahr wäre, aber ist es wahr?

Ist es wahr, daß sie versucht haben, dich zu ertränken, als du ein kleines Mädchen warst? Natürlich ist es wahr. Früh am Morgen, als dein Vater dich in seinem Ruderboot mit auf den See nahm und ihr weit vom Ufer entfernt wart, mitten auf dem See, hat er versucht, dich über Bord zu stoßen. Aber du hast dich an ihm festgeklammert, hast geschrien und ihn gebissen, und das hat dich gerettet. Du wußtest, daß es nicht seine Schuld war, trotzdem hast du dich geweigert, ins Haus zurückzukehren, bis man ihn fortgeschafft hatte. Und selbst dann warst du nervös, hast an der Tür gelauscht, den Atem angehalten, irgendein Geräusch zu hören, das seine Anwesenheit verriete. Bis zu seinem Tod hätte er jeden Tag zurückkommen können.

Was ich sah in dem spärlichen Licht, das aus dem Flur hereinfiel, war das quer in der Mitte des Zimmers liegende, schiefe Bett. Einer der Füße war gebrochen, und es lag auf einem großen Haufen von alten Bilderrahmen und Blechteilen, Stücken von verrosteten Stangen und Rohren, und die Matratze verschimmelte obendrauf. Eine Geschichte gibt es nicht.

1972

Dramamin

Die Türen zur Bamboo Lounge ließen sich noch schwerer öffnen als die übrigen Türen auf dem Schiff, aber sie schaffte es, kurz bevor ein rotgesichtiger Steward, der sie von seinem Platz im Inneren entdeckt hatte, herbeieilte, um ihr zu helfen. Er hielt sie ihr auf, und sie trat ein; drinnen war es mindestens zwanzig Grad kühler, und die Luft war frei von dem feinen Salzdunst, der sie in letzter Zeit begleitet hatte – seit dem Tag, da sie die Kanarischen Inseln verlassen hatten. Bis auf diese Stewards war der Raum leer; die Bamboo Lounge war eher um die Mittagszeit gefragt, weil der Swimmingpool gleich vor der Tür lag, und dann noch einmal, bei mehr oder weniger denselben Passagieren, um Mitternacht, denn dann war es der einzige Aufenthaltsraum mit wirklich gedämpftem Licht. Um diese Zeit jedoch konnte man sich fast darauf verlassen, daß er leer war.

Sie ging hinüber zu ihrem Lieblingstisch in der dunklen Ecke unter einem langen Wandgemälde im Stil der australischen Ureinwohner, setzte sich und bestellte Gin und Wasser. Das Schiff schlingerte zu heftig, als daß es eine angenehme Reise gewesen wäre; bis auf einen Tag vor der Küste Marokkos hatte es ununterbrochen geschlingert, seit sie die Mündung der Themse verlassen hatten. Doch das viele Dramamin stumpfte sie ab. Sie nahm zwei am Morgen mit dem Kaffee, eine dritte zum Lunch, was ihr einen langen Mittagsschlaf garantierte, und dann noch einmal eine vor dem Dinner. »Sprich nicht mit mir«, sagte sie zu Thorny und lachte. »Es kommt ohnehin nicht bei mir an. Meine Augen sind offen, ober mein Geist ist vollkommen leer.«

103

Das entsprach nicht ganz der Wahrheit, aber es schränkte die Möglichkeit von Diskussionen ein. Sie wollte durch die gesamte Reise hindurchgleiten, ohne sie objektiv beurteilen zu müssen. Von diesem Standpunkt aus war es ein Segen, daß das Wetter so rauh war: es lieferte ihr die moralische Rechtfertigung, warum sie sich dem Dämmerzustand der Dramamin-Pillen überließ. Sobald sich das Wetter beruhigte, würde sie aus ihrem schützenden Nebel herauskommen müssen.

Sie hoffte, daß Thorny noch ein Weilchen in der Kajüte blieb; das ließ ihr mehr Zeit für sich. Er war verstimmt, weil sie sich nicht zum Dinner umziehen wollte. Dabei bestand nicht die geringste Notwendigkeit dafür. Die anderen Frauen an Bord, die größtenteils aus Australien stammten, wirkten auch in ihren besten Kleidern unvorstellbar schlampig, und sie verspürte kein Verlangen, mit ihrer Geschmacklosigkeit zu konkurrieren.

Sie konnte sich nicht unterordnen; sie mußte ihren Standpunkt behaupten, und trotzdem haßte sie es, wenn er unzufrieden mit ihr war. Schlimmer noch, ihr war bewußt, daß er glaubte, es sei ihr vollkommen egal, ob sie auf gutem oder schlechtem Fuß standen, und es verletzte sie, daß er ihre gespielte Gleichgültigkeit nicht durchschaute, daß er sich von ihrer Pose der Unabhängigkeit so leicht hinters Licht führen ließ. Manchmal hatte sie den Verdacht, daß ihm das alles völlig klar war und er es nur einfacher fand, so zu tun, als merke er nichts. Natürlich hätte die beste Art, sich durchzusetzen, darin bestanden, ihr sofort nachzugeben, aber das tat er nur selten. Sie hatte noch nie sagen können, ob er außergewöhnlich unempfindlich für alles war, was sich außerhalb seines Bewußtseins abspielte, oder ob es ihn einfach nicht interessierte. Sie war sich heute weniger sicher als vor zehn Jahren, eine Stunde, nachdem sie ihn kennengelernt hatte. Schon damals hatte sie gewußt, daß er gespalten war, doch diese Spaltung schien innerhalb einer Ganzheit zu bestehen: die beiden unvereinbaren Hälften hatten sich gegenseitig ergänzt. Doch in all den Jahren, die sie mit ihm verheiratet war, hatte sie ihn aus so vielen verschiedenen Blickwinkeln und aus einer solchen Nähe studiert, daß alles, was sie jetzt noch sah, eine Ansammlung von Widersprüchen war. Er war ein unverbesserlicher Fanatiker, ein sentimentaler Zyniker, hedonistisch in seinem Asketizismus; er rechnete immer mit dem Schlimmsten, und wenn das Schlimmste tatsächlich eintraf, brach er zusammen. Von Anfang an hatte sie in seinem Charakter etwas gespürt, das es ihr ermöglichte, seine allmähliche Entschleierung ohne allzu große Überraschung mitzuerleben, doch das einzige, mit dem sie nicht gerechnet hatte, war sein Hilflosigkeit in einer Krise. Im entscheidenden Moment schien seine ganze Persönlichkeit dahinzuschmelzen, sich aufzulösen; sie konnte sehen, wie er vor ihren Augen zerfiel; wo vorher jemand gewesen war, gab es jetzt niemanden mehr, und sie schämte sich für ihn, war aber andererseits von diesem Phänomen zu Tode erschreckt. Er dagegen konnte das Ganze durchmachen, irgendwann sich davon lösen und es mit kühler Objektivität diskutieren, als sei es jemandem in einem Buch passiert, nicht etwa ihm. In solchen Augenblicken verstand er nie, warum sie auf ihn wütend war.

Zwischen London und Las Palmas hatte sie sich jeden Abend mit größer Sorgfalt zurechtgemacht, doch jetzt war es heiß; die Klimaanlage im Speisesaal ließ zu wünschen übrig, und sie hatte genug.

Sie sah sich um und entdeckte, daß der Barmann sie diskret beobachtete. Das war nicht erstaunlich, da sie der einzige Gast in der Bar war, aber es machte sie nervös, und sie beschloß, obgleich sie ihren Gin ausgetrunken hatte, keinen zweiten zu bestellen, bevor Thorny kam.

Als sich die Tür vom Promenadendeck schließlich öffnete, kam nicht er herein, sondern eine Engländerin mit ihrem Mann, deren Namen sie bereits vergessen hatte. Beide waren sehr groß, braungebrannt und auf widerlich-herablassende Art freundlich. Die Frau hatte sie entdeckt, ihrem Mann etwas zugeflüstert, und jetzt steuerten sie auf die dämmrige Abgeschiedenheit ihrer Ecke zu.

»Es ist die kleine Mrs. Sims«, erklärte sie, als sie ihren Tisch erreichten. »Dürfen wir uns zu Ihnen setzen?«

»Oh, bitte.«

Sie nahmen Platz, und die Frau redete weiter.

Wenn Thorny nicht bald kam, brauchte sie einen zweiten Gin. Doch wenn er kam, würde sie ihn vorstellen müssen. Hätte nur die Frau nicht ihren Namen behalten, dann wäre es um einiges weniger peinlich gewesen.

»Wir haben Sie heute beim Decktennis vermißt«, sagte die Frau. »Aber mittlerweile hat das Turnier begonnen. Wahrscheinlich findet man es langweilig, wenn man nicht selbst mitspielt.«

»Warum fahren Sie nach Australien?« fragte sie die Engländerin. Es war eine rein rhetorische Frage und sicher auch eine unhöfliche, aber sie konnte den Gedanken an das Decktennis-Turnier im Moment einfach nicht ertragen und bildete sich ein, einen gewissen Funken von Interesse im Blick des Mannes entdeckt zu haben, was bedeuten konnte, daß er bereit war, sich in einen detaillierten Bericht darüber zu stürzen.

»Australien?« sagte der Mann. »Gott behüte! Unser Ziel ist Hongkong. Wir bleiben eine Weile in Ceylon und nehmen von dort ein P. & Q.-Schiff.«

»Oh, ich verstehe.« Sie blickte an den beiden Engländern vorbei und sah Thorny durch die Tür kommen, in weißem Jackett mit schwarzer Krawatte; also würde sie in ihrem schlichten schwarzen Kleid um so mehr auffallen. Gemesse-

106

nen Schrittes kam er an ihren Tisch und verbeugte sich steif. »Orr-Shaw mein Name«, sagte der Engländer. Doch damit ließ Thorny es nicht bewenden. »Mit Bindestrich?« fragte er. Der Engländer lachte. »Mit Bindestrich, ganz recht«, antwortete er. »Aha«, sagte Thorny und setzte sich.

Er rief den Steward und bestellte einen Drink. Dann sah er seine Frau an. »Anne«, sagte er, »bleibt dir auch genügend Zeit, um dich umzuziehen? Es ist nur noch eine halbe Stunde bis zum Dinner.«

Sie erwiderte seinen Blick, unheilvoll. »Ich dachte, wir hätten dieses Thema bereits vor einer Stunde abgehakt.«

»Wie amüsant!« rief Mrs. Orr-Shaw aus. »In England ist es immer der Mann, der es ablehnt, sich zum Essen umzuziehen.«

»In Amerika auch«, sagte Anne ruhig. Dann kicherte sie unerklärlicherweise los. »Aber nicht bei uns! Nicht bei uns.«

Thorny starrte sie mißbilligend an. Ich weiß, jetzt wird er versuchen, mich in Verlegenheit zu bringen, sagte sie sich. Nur zu!

»Meine Frau hat Angst, daß manche der australischen Damen an Bord denken könnten, sie wolle sich mit ihnen auf eine Stufe stellen«, sagte er und schenkte Mrs. Orr-Shaw ein gewinnendes Lächeln. Doch Mrs. Orr-Shaw schien nicht ganz zu verstehen. »Oh, sie haben nicht die geringste Ahnung«, antwortete sie. »Ist es nicht ein schrecklicher Anblick? Und eine fürchterliche Geldverschwendung obendrein. Denn die Sachen, die sie kaufen, sind in der Tat ziemlich teuer.«

Mr. Orr-Shaw hatte vielleicht mehr verstanden als seine Frau. »Ich sehe mir immer die Passagierliste an«, erklärte er. »Daher weiß ich, daß Sie ebenfalls in Colombo von Bord gehen.«

Anne hörte dem Routinegespräch zu, das nun folgte, aber

107

sie hörte es, ohne hinzuhören. Thorny war Maler; er hatte Ceylon vor mehreren Jahren besucht und über Freunde für zwei Jahre ein äußerst reizvoll gelegenes Haus gemietet.

»Aber Sie haben doch nicht vor, zwei Jahre dort zu bleiben!« rief Mrs. Orr-Shaw.

»Nein, die zwei Jahre sind fast um«, erklärte er ihr. »Ich dachte, wir würden letzten Winter fahren, aber irgendwie kamen wir nicht dazu. Deshalb habe ich es diesen Winter durchgesetzt, Suezkanal hin, Suezkanal her. Ich muß doch wenigstens etwas für mein Geld bekommen, nicht wahr?«

»Ceylon ist herrlich«, sagte Mr. Orr-Shaw, »obgleich es völlig vor die Hunde geht, seit sich die Engländer zurückgezogen haben.«

»Mein Bruder führt eine kleine Teeplantage im Norden des Landes, verstehen Sie«, erklärte Mrs. Orr-Shaw. »Wir werden bei ihm wohnen, solange wir dort sind. Aber er kann wahrscheinlich selbst nicht mehr allzu lange bleiben. Das Land steht am Rand des wirtschaftlichen Ruins. Und natürlich gibt es jede Menge Ressentiments gegen Briten, trotz aller gegenteiliger Meldungen.«

»Anne, findest du nicht, du solltest jetzt wirklich los und dich umziehen?« sagte Thorny besorgt.

»Ja«, sagte sie unerwartet heftig. »Entschuldigen Sie mich.« Sie lächelte und erhob sich. Als sie durch die Tür trat, breitete sich die Meeresluft wie ein heißes Handtuch über ihr Gesicht. Thorny hatte irgendwann tagsüber gesagt, daß sie vor der Küste von Liberia waren; aber ob Liberia, Nigeria oder Angola, war ihr einerlei. Die Tropen waren die Tropen, unerträglich heiß und ermüdend, ohne jede Schönheit oder Kultur. In ihrer Erfahrung hatte es nicht eine Ausnahme gegeben. Sie betrachtete sich in dem goldgerahmten Wandspiegel, als sie die Treppe hinunterging, und ein Teil ihres Bewußtseins fragte sich flüchtig, warum sie Thornys Unsinn Jahr für Jahr mitmachte. Der

108

andere Teil ihres Bewußtseins antwortete: Gewohnheit, und sie zwang sich, auf ihre Füße zu blicken, beschämt über den affektierten Gang, den sie gesehen hatte, und den angespannten Mannequin-Ausdruck, den ihr Gesicht mechanisch angenommen hatte. Sie betrat ihre Kajüte, entschied sich für einen Kompromiß und schlüpfte in ein ausgeschnittenes Cocktailkleid. Als sie fertig war, streckte sie sich auf dem Bett aus und schlug Simone Weils *Attente de Dieu* auf, das sie stets mit sich herumschleppte, zusammen mit *Le Pesanteur et la Grâce*. Beide Bücher waren praktisch höchstens eine Viertelstunde am Stück lesbar; außerdem konnte sie kaum sagen, ob sie einen Absatz gelesen hatte oder nicht. Daher waren sie buchstäblich unerschöpflich, und ihre düsteren Kadenzen, die einem Bereich des Bewußtseins Realität verliehen, dem das tägliche Leben nichts anhaben konnte, bot ihr die Art von Beruhigung und Trost, die normalerweise eher durch den Kontakt mit einer lebenden Person als einer gedruckten Seite ermöglicht wird.

Wie erwartet kam Thorny kurz vor neun in die Kajüte zurück, um sich die Hände zu waschen und übers Haar zu kämmen. »Es ist eine wunderschöne Nacht«, sagte er und warf ihr von der Tür des Badezimmers aus einen Blick zu.

»Hast du nicht mit dem englischen Paar zusammengesessen?«

»Ach, ich habe sie abgewimmelt und einen Spaziergang an Deck gemacht. Der Mond war Wahnsinn, er kam direkt aus dem Ozean. Es ist schrecklich, so nah an der Küste zu sein, ohne sie sehen zu können. Wie ist die gute Simone heute abend?«

»Wo sind wir jetzt?« fragte sie.

»In der Bucht von Benin, schätze ich. Sollen wir runtergehen? Der Gong spielt Bugle Call Rag oder so was Ähnliches.«

»Oh Gott! Dieses Essen! Ich werde nur Consommé und Salat bestellen. Warte, ich muß noch mal einen Augenblick ins Badezimmer.«

»Anne, es ist wichtig, daß du bei solchem Wetter richtig ißt. Es sei denn, du willst unbedingt seekrank werden.«

»Du ißt richtig, und ich bleibe bei Dramamin«, rief sie aus dem Badezimmer.

»Hast du das eigentlich mit Vogel besprochen?«

»Nein, habe ich nicht«, antwortete sie kampfeslustig.

»Wie weißt du dann, wie es sich auf deinen Blutdruck auswirkt? Vielleicht ist es das Schlimmste, was du nehmen kannst, ohne daß du es weißt.«

»Es ist mein Blutdruck, Liebling. Ich lasse es drauf ankommen.«

»Ich kann nur sagen, daß ich deine Haltung ziemlich unverantwortlich finde.«

»Ach, halt den Mund.« Sie kam aus dem Badezimmer und ging quer durch den Raum auf die Tür zum Flur zu. »Kommst du essen?« fragte sie.

1962

110

In Absentia

an Pamela Loeffler

Ich versuche, es kurz zu machen, damit es Dich nicht zu viel Zeit kostet, diesen Brief zu lesen. Ich weiß, was Frauen durchmachen, wenn sie sich in ein neues Haus eingewöhnen müssen, mit neuen Dienstboten, die zu beaufsichtigen sind, und all den schrecklichen Entscheidungen, die gefällt werden wollen, angefangen vom Aufstellen der Möbel bis hin zum Verstauen aller Sachen.

Heute ist es zur Abwechslung schön und sonnig. Letzte Woche hat es fast nur geregnet, so daß die plötzlich aufgetauchte strahlende Sonne wie ein Stimulans wirkt. Und die Sonne brachte mich auf Dich, denn Du hast sie immer genauso geliebt wie ich. Sonnst Du Dich noch da, wo Du jetzt bist, oder ist es zu heiß? Ich habe diese Gewohnheit schon vor Jahren aufgegeben. Zu viele meiner Freunde haben Hautkrebs bekommen.

So hatte ich heute morgen beim Aufwachen plötzlich den Gedanken: Heute schreibe ich an Pamela. Ich weiß, es ist sehr lange her, seit wir uns das letzte Mal gesehen oder geschrieben haben, aber ich habe Deine Aktivitäten aus der Ferne verfolgt, wenn auch mit Hilfe von sicherlich unzuverlässigen Quellen: der *Times* und des *International Herald Tribune*. Aber jetzt kann ich Dir nur gratulieren. (Nichts ist heilig; alle Welt weiß, wieviel Du bekommen hast. Doch selbst eine solche Summe wird den alten Loeffler nicht ruinieren, also fühl Dich bloß nicht schuldig.) Ich kann dazu nur sagen, daß sich die Waage gelegentlich zugunsten der Gerechtigkeit senkt, und ich bin froh, daß Du dieses Phänomen am eigenen Leib erfahren konntest.

Ich habe nun auch ein vage Vorstellung davon, wo Du bist: an der Nordküste von Maui. Ich habe sogar Kahului und Paukokalo gefunden. Als ich die Karte studierte, fiel mir auf, daß die gesamte Westküste der Insel Hawaii mit Lavaströmen überzogen ist, wie Du zweifellos weißt. Was mich amüsiert, ist, daß sie jeweils nach dem Jahr benannt sind, in dem das Zeug den Berghang herunterkam, so daß es heute *Lavastrom von 1801, Lavastrom von 1859, Lavastrom von 1950* heißt. Das erinnert mich an die Straßen in latein-amerikanischen Ländern, die nach bedeutenden Daten be-nannt sind. »Er wohnt Ecke Vierter April und Neunzehnter Oktober.«

Immer wenn die Leute gefragt haben, und was macht Pamela, habe ich geantwortet: »Oh, sie hat genug damit zu tun, schön zu sein.« Ich erinnere mich auch, daß man mir wegen dieser respektlosen Antwort Vorwürfe gemacht hat. Aber was ist falsch daran? Stimmt es denn nicht? Du bist wirklich schön (wie wir beide wissen) und bist schön geblie-ben, dank Deiner Entschlossenheit. Das erfordert Konzen-tration und Anstrengung. Wie hätte es sonst einen Loeffler gegeben?

Nun versuche ich, mir Dich im unamerikanischen Am-biente unseres fünfzigsten Staates vorzustellen. Trägst Du Reithosen wie Karen Blixen in Kenia? Wenn Du einen Augenblick Zeit hast, schick mir einen Schnappschuß. Ich warte darauf.

an Pamela Loeffler

Nein, drei Monate Schweigen sind durchaus verzeihlich. Ich bin erstaunt, daß Du überhaupt Zeit gefunden hast, zu schreiben. Die meisten Angelegenheiten, nach denen ich fragen wollte, was ich dann aber aus Taktgründen unterlas-sen habe, scheinen sich mehr oder weniger glücklich gelöst zu haben: Installation, Personal, Lebensmittelnachschub,

Nachbarn. Letzteres ist ziemlich wichtig, würde ich sagen. Großartig, daß Du nur sechs Meilen von Dir entfernt die Leute aus Hollywood entdeckt hast. Ich kann mich nicht erinnern, seinen Namen je gesehen zu haben. Andererseits hätte er der berühmteste Regisseur der Vereinigten Staaten sein können, ohne daß ich von ihm gehört hätte. Wie Du weißt, habe ich mich noch nie übermäßig für Film interessiert. Jedenfalls ist es schön, daß sie das sind und umgänglich obendrein. Sie hören sich ganz nach Beverly Hills an, aber das könnte daran liegen, daß ich nur auf Deine Beschreibung angewiesen bin.

Vor allem hat es mich gefreut, zu hören, daß Du bald Besuch von ein paar alten Freunden bekommen wirst. Wenn Florence wirklich kommt (weiß sie je, was sie tut?), grüße sie von mir. Ich sehe schon vor mir, wie sie nach San Francisco kommt und dann entscheidet, statt nach Honolulu doch lieber nach Carmel zu fahren, und zwei Monate später plötzlich unangemeldet bei Dir vor der Tür steht, gerade wenn das Haus *archicomplet* ist. Ich erinnere mich an einen Winter, als sie das Haus in Turtle Bay offenhielt und den Hausverwalter weiter dort wohnen ließ, damit er sich um ihre Katze kümmerte, solange sie weg war (aber für sechs Monate oder länger), weil sie glaubte, daß Katzen sich eher an Orte gewöhnen als an Menschen, und die Katze wäre zu unglücklich gewesen, wenn man sie aus dem Haus gebracht hätte. Und kaum war sie zurück, verschenkte sie die Katze an jemanden, der in Connecticut wohnte.

Sag mir – Du müßtest dies inzwischen wissen, da Du von exotischer Flora umgeben bist –: ist Roter Jasmin dasselbe wie das, was auf den Philippinen als Ylang-Ylang und in Indien als Champak bezeichnet wird? Das ist kein Versuch, Dich auf die Probe zu stellen; ich weiß es selbst nicht und wüßte auch nicht, warum Du es wissen solltest. Andererseits ist das genau die Art von Wissen, mit der Du Dich auskennen könntest. Wenn nicht, weiß es vielleicht einer von Deinen Freunden aus Boston. Bostoner wissen oft die erstaunlichsten Sachen. Zumindest war es früher so. Oder sind die echten Bostoner mittlerweile ausgestorben?

Wie ich sehe, verstehst Du, welche Freude das Briefschreiben machen kann. In früheren Jahrhunderten galt das als selbstverständlich. Heute nicht mehr. Nur wenige Leute führen noch eine richtige Korrespondenz. Keine Zeit, sagen die anderen. Telefonieren ist schneller. Das ist dasselbe wie zu behaupten, ein Foto sei befriedigender als ein Gemälde. In der Vergangenheit war auch nicht allzuviel Zeit fürs Briefeschreiben da, aber man nahm sich die Zeit, wie man es im allgemeinen für alles tut, was einem Spaß macht.

Und wenn *Du* die Zeit findest, dann schick mir doch ein paar neuere Schnappschüsse von Dir und dem Haus. Vermutlich werden es Polaroids sein, denn nach dem, was Du schreibst, hast Du keinen leichten Zugang zu dem, was wir gemeinhin als Vorzüge der Zivilisation bezeichnen. Es klingt mir so, als müßten die meisten Deiner Vorräte aus Honolulu eingeflogen werden. Das erinnert mich nur allzusehr an die Situation hier. »Wir warten auf eine neue Lieferung. Vielleicht in drei bis vier Monaten.« Das sind die ehrlichen baqals; die anderen sagen: »Nächste Woche, incha'Allah«, obwohl sie genau wissen, daß es nicht wahr ist. So bekommt man vielleicht seine Pfanne, seine Pulvermilch, seinen Pflanzenheber, seinen Besen, seinen Gruyère und seinen Spaten – oder auch nicht. Wahrscheinlicher ist letzteres, denn solche Dinge werden heutzutage nicht mehr ins Land gelassen. *Tant pis et à bientôt.*

an Pamela Loeffler
Vielen Dank für das Foto von dem Haus-als-Baustelle aus dem vergangenen Jahr. Selbst ohne den letzten Schliff kann

116

ich sehen, wie schön es jetzt sein muß. Es ist wirklich prächtig, sehr großzügig. Du mußt Platz für ein Dutzend Gäste haben, falls Du je befürchten solltest, der Schwermut anheimzufallen. Aber ich sehe keine Spur von *Dir* oder sonst jemandem. Dafür eine sehr beeindruckende Vegetation.

Wie kommst Du auf die Idee, daß ich Deine Träume interpretieren könnte? Erstens glaube ich nicht daran, daß Mr. X Mrs. Y erklären kann, was Mrs. Y geträumt hat. Wie soll ich wissen, was das Entlangrennen an einer Pier für Dich bedeutet oder was Deine normale Reaktion auf Seetang ist? Ich verstehe nicht einmal meine eigenen Träume, wieviel weniger dann die von anderen. Mir ist nur aufgefallen, daß die Leute dazu neigen, Träume zu erzählen, in denen etwas passiert, und zwar so häufig, daß ich mich manchmal frage, ob sie nicht unbewußt die Handlung beim Erzählen dazuerfinden. Denn ich selbst kann mich nie an irgendwelche roten Fäden in meinen Träumen erinnern. Sie sind eher eine Folge von unzusammenhängenden Einzelaufnahmen als ein Film. Aber Traumerzähler sagen gern: »Und dann. Und dann.« Ich würde gern wissen, ob es bei ihnen wirklich so ist, oder ob sie nur das Gefühl haben, so müßte es sein.

Außerdem, wozu Träume interpretieren? Wenn es eine Warnung des Unterbewußtseins ist, wirst Du die Botschaft über kurz oder lang ohnehin erhalten. Sag mir eins, kannst Du Dich zwingen, einen Traum zu wiederholen? Ich nicht. Wie auch immer, schöne Träume.

an Pamela Loeffler

Immer noch böse wegen der Träume? Warum sagst Du, daß ich »mehr als jeder andere« etwas davon verstehen müßte? Ich denke nicht so darüber nach wie Du. Für mich sind sie ein Thermometer für die Psyche – nützlich nur für die Person, die sie träumt, so wie ein Fieberthermometer nützlich für den Kranken ist. Ich halte es für einen Fehler,

117

einem Bild mehr Bedeutung zuzumessen als einem anderen (ganz gleich, wie bezeichnend es im Traum selbst erscheinen mag), da die Bilder selbst häufig nur Stellvertreter für andere, nicht formulierte Bilder sind. Wie kannst Du erwarten, daß Dir jemand die »Bedeutung« von massenweise im Wasser treibenden rotem Seetang erläutert? Seetang bedeutet Seetang. Du hast selbst geschrieben, daß Du bei seinem Anblick überhaupt nichts empfunden hast. Warum in Gottes Namen willst Du dann unbedingt seine »Bedeutung« herauskriegen? Wenn es Dir im Traum selbst nichts bedeutete, warum soll es dann im nachhinein etwas bedeuten?

Du fragst, ob die Moslems hier ein System haben, um ihre Träume zu deuten. Sie haben eins, natürlich, genauso wie sie (theoretisch) ein System für alles haben, aber in Wirklichkeit ist es Wahrsagerei unter Zuhilfenahme akzeptierter religiöser Symbolik. Ich glaube nicht, daß es in irgendeiner Art mit Freuds Theorie übereinstimmt. (Wie sollte es auch?) Es könnte ebensogut aus einem kleinen Buch mit dem Titel *Ali Babas Traumalmanach* stammen. Aber sie glauben daran, genauso wie die Hindus an ihren idiotischen Tierkreis mit den zwölf Tierkreiszeichen. (Und leider nicht nur sie.)

Liebe Pamela, der Wert eines Briefes hat nichts mit Quantität zu tun. Wenn Du keine Zeit hast, einen sogenannten »richtigen Brief« zu schreiben, dann schreib nur ein paar Zeilen. Ich erwarte von niemandem, daß er weitschweifige Episteln schreibt, wie ich es gelegentlich zu tun pflege. Ich schreibe Briefe, weil es mir Spaß macht. Es interessiert mich nicht einmal besonders, ob es dem Empfänger Spaß macht, zu lesen, was ich geschrieben habe: Hauptsache, ich hatte mein Vergnügen.

Komm also keinesfalls auf die Idee, nicht zu schreiben, weil Du weißt, daß es nur ein paar Zeilen werden. Du könntest mir eine Nachricht schicken, die folgendermaßen lautet: »Ein trüber Tag, bin deprimiert. Habe gekochten Schinken und Obstsalat zum Lunch gegessen«, und ich wäre zufrieden. Aber wenn Du gar nicht schreibst, überläßt Du das Feld der Phantasie, die mitsamt ihrer Angst schon auf der Lauer liegt. Ich möchte hören, wie Du Dich in dem Haus eingelebt hast, und wie Du mit den Leuten zurechtkommst, die Du zu Gast hast. Es würde Dich nicht viel Zeit kosten, mir das zu schreiben, oder?

an Pamela Loeffler

Ich glaube, Tanger wird von Tag zu Tag weniger erträglich. Einer der Hauptgründe, warum ich hiergeblieben bin, war die gute Luft, die wir hatten. Doch der Verkehr hat sich in den letzten fünf Jahren verzehnfacht, und da praktisch alle neuesten Modelle hier Dieselmotoren haben, sind die Straßen voller Rauch. Unablässig stoßen Busse und Laster dicke schwarze Wolken davon aus. Zu Hause stört mich das nicht, weil ich ziemlich weit oben wohne. Aber in den Straßen herumzulaufen ist mühsam. Abgesehen von dem Schmutz sind die Bürgersteige auch noch voller Hindernisse: Autos, die in der Mitte geparkt sind, Gruppen von Studenten, die reihenweise am Bordstein sitzen, und Bettler, die sich an den Mauern entlang niedergelassen haben. Wenn man die Bettler einem Marokkaner gegenüber erwähnt, wird er antworten: Keiner von denen stammt aus Tanger. Sie sind alle aus den Bergen. Gib ihnen nichts.

Man unterschätzt die Intelligenz der Marokkaner auf eigene Gefahr. Sie wissen, wann man lügt und wann man nur übertreibt, sie merken es, wenn man meint, was man sagt, und wenn man nur redet, und all das direkt, intuitiv, nicht als Folge irgendeiner Ableitung. Es stimmt, manchmal wittern sie auch Betrug, wo es keinen gibt. Ich habe mich mit Marokkanern gestritten, die nicht glauben woll-

119

ten, daß der Mensch auf dem Mond war. »Nichts als amerikanische Propaganda.« Andere, die den Mondspaziergang gelten lassen, finden, daß man das Geld dazu hätte benutzen sollen, die Armen zu ernähren. »Was hat es denn gebracht?« Sie sind nicht fasziniert oder begeistert von der Idee, den Weltraum zu erforschen, da sie keine Vorstellung von historischem Fortschritt oder Entwicklung haben; für sie ist Zeit ewiger Stillstand. Alles ist so, wie es schon immer gewesen ist, und wird auf ewig so blieben. Eine tröstliche Philosophie, wenn man daran glauben kann.

an Pamela Loeffler

Fand Deinen Brief über die Palmers sehr unterhaltsam. Aber Du wirst Dick doch nicht ermuntern, sich in Deiner Nachbarschaft nach einem Grundstück umzusehen? Das würde unweigerlich mit einer Katastrophe enden, meinst Du nicht? Ich stimme Dir zu, es ist angenehm, Bekannte zu haben, die nur fünfzehn bis zwanzig Minuten entfernt wohnen, solange die erste Reaktion, die man bei ihrem Anblick empfindet, sich nicht als ein plötzliches mulmiges Gefühl im Magen äußert. Es kostet eine Menge Energie, dagegen anzugehen. Ich bin mittlerweile so weit, daß ich lieber allein bin, als mich dieser Art von Streß auszusetzen.

Natürlich hatte Ruth immer etwas Negatives an sich, schon bevor sie Dick geheiratet hat. Sie sammelte Topfscherben, Stücke von Quarz und Seelilien, als ich sie kannte. Der Schmetterlingstick liegt genau auf dieser Linie. Es muß herrlich sein, sie mit dem Netz in der Hand herumspringen zu sehen! Hyperthyreoid und plump. Dick ist bloß starrköpfig und tyrannisch, so jedenfalls erinnere ich mich an ihn. (Ich habe ihn seit ungefähr fünfzehn Jahren nicht gesehen, aber ich bin ziemlich sicher, daß er sich nicht sehr verändert hat. Vielleicht ist mit den Jahren seine Energie geschrumpft, aber man braucht nicht viel Energie, um egoistisch zu sein, wenn man den Egoismus im Blut hat.) Als er hier ein Appartement hatte, gab es für ihn nichts Größeres als die Rolling Stones; er kannte sie noch aus seiner Londoner Zeit, war mit ihnen befreundet. Der Name bedeutete mir nichts, aber Dick bestand darauf, daß sie die größte Rock 'n' Roll-Band der Welt seien. Einmal hat er mich nachts um eins aus dem Bett geholt. Er hämmerte an meine Tür und war ganz aus dem Häuschen. Ich müsse mit zu ihm kommen, er hätte die Stones da. Ich, schläfrig: »Was für Stones?« Er erklärte es, und wir gingen los. Ein Mann namens Jagger, der für ein Kostümfest angezogen war, lümmelte sich auf dem Bett herum und nagte an einer Lammkeule. Ein Mädchen lag mit dem Gesicht in den Kissen zu seinen Füßen, und ein paar andere Leute lagen auf dem Fußboden und schliefen. Es gab nicht genug Licht in dem Raum, als daß ich die Einzelheiten ihrer Kostüme hätte erkennen können. Mr. Jagger sagte kein Wort. Seine Schnauze glänzte vor Lammfett. Dick bemerkte mein Erstaunen beim Anblick der reglosen Körper auf dem Boden und gab mir zu verstehen, daß sie alle eine neue Droge genommen hatten, die offenbar einen komatösen Zustand auslöste. Es ist eigenartig: Dick versprüht diesen Anschein von atemloser Begeisterung. Es ist eine körperliche Eigenschaft, die ansteckend sein soll, es aber nicht ist. Sie klingt wie Propaganda und tötet alles Interesse ab.

Nach ungefähr einer Stunde bedankte ich mich und erklärte, ich ginge jetzt zu Bett. Das war natürlich das Schlimmste, was ich machen konnte. Er faßte es als Beleidigung auf und nahm ganz richtig an, daß ich meine großartige Gelegenheit, die Stones kennenzulernen, nicht zu würdigen wußte. Ich fand, daß ich schon sehr viel Geduld gezeigt hatte, doch als ich hinausging und mich umwandte, um Dick noch einmal zu danken, richtete er sich zu seiner vollen Größe auf, schleuderte mir im Stil einer echt engli-

121

schen Erzieherin irgendeine entrüstete Beschimpfung an den Kopf und knallte die Tür zu.

Wenn sich die Gelegenheit ergibt, kannst Du diese Episode bei Dick erwähnen und sehen, ob er sich noch daran erinnert. Was er sicher nicht vergessen hat, ist, daß sie am nächsten Morgen um sieben alle nach Marrakesch fuhren, einschließlich Dick. Das war noch bevor Ruth auf der Bildfläche erschien.

Ich bin nicht überrascht, daß Florence ihren Besuch verschoben hat; ich hatte es vorausgesagt. Ich finde es nur eigenartig, daß Du Dick und Ruth Palmer bei Dir hast, denn ich weiß, daß sie nicht zu denen gehören, um deren Besuch Du Dich reißen würdest. Aber so etwas gehört natürlich dazu, wenn man ein großes Haus an einem abgelegenen Ort hat. Sicher ist es in jedem Falle besser für Dich, Besuch zu haben, als allein zu sein. Der nächste Gast, den Du erwartest, Fronda Farquhar, wer oder was ist sie? Allein dieser Name, kaum zu fassen! Du sprichst von ihr, als müßte ich sie kennen, aber das ist nicht der Fall. Was macht sie? Oder ist sie eine zweite Ruth, auf der Suche nach Pfeilspitzen und Muscheln?

Nun, es klingt, als hättest Du eine Menge Spaß.

an Susan Choate

Was nun? Hippokrates hat wieder mal zugeschlagen. Ich habe mich über Dein langes Schweigen gewundert, aber jetzt verstehe ich. Mit Hepatitis B ist nicht zu spaßen. Ich bin nur erstaunt, daß Du sie im Krankenhaus losgeworden bist. Ich habe immer geglaubt, das sei ein Ort, an dem man sich solcherlei Krankheiten holt, nicht sie kuriert. Bist Du auch wirklich ganz geheilt? Ich muß sagen, ich hoffe es sehr. Die Krankenhausrechnung, die Du beigefügt hast, ist schwindelerregend hoch. Wie kommst Du darauf, daß ich imstande bin, sie zu bezahlen? Es ist doch wohl klar, daß ich

122

Dir nicht ständig höhere Beträge überweisen kann. Deine Ausgaben schießen mächtig ins Kraut. Mir ist klar, daß Du daran nichts ändern kannst; das Geld ist immer weniger wert, aber das bedeutet nur, daß Leute wie ich sich immer weniger dafür kaufen können. Ich will Dir keine Moralpredigt halten, ich beschwere mich nur über diese Krankenhausrechnung. Ein Wunder, daß man Dich entlassen hat, ohne jede Garantie, daß sie auch wirklich bezahlt wird. Natürlich bist Du ganz selbstverständlich davon ausgegangen, daß ich sie bezahlen kann, ohne die Möglichkeit ins Auge zu fassen, daß ich knapp bei Kasse sein könnte. Und ich kann sie bezahlen, ja, aber es bereitet mir nicht gerade Vergnügen. Wie bist Du bloß ausgerechnet an Hepatitis gekommen? Gibt es dazu irgendeine Theorie? Hoffentlich konnten die Ärzte Dir wenigstens ein paar Tips geben, wie Du so etwas in Zukunft vermeidest.

Hast Du den Kaftan bekommen? Er scheint mir ideal für elegante Gesellschaften in New York oder Boston, falls es so etwas überhaupt noch gibt. (Allerdings habe ich gehört, daß junge Mädchen sich wieder für Kleider interessieren und sich vorstellen können, etwas anderes zu tragen als die proletarischen Blue jeans, die sie in den letzten paar Jahrzehnten bevorzugt haben.) Jedenfall ist der Kaftan ein Museumsstück. Das schwere Seidenbrokat wird heute gar nicht mehr hergestellt – nicht einmal von Fortuny. Ich habe ihn von einem marokkanischen Freund gekauft, dessen Familie ihn seit Anfang des Jahrhunderts besaß. Ich bin sicher, daß Du darin großartig aussehen wirst, und hoffe nur, daß Du ihn auch trägst. (Allerdings nicht im Krankenhaus!) Schreib mir bald.

an Susan Choate

Habe mit Erleicherung gehört, daß Du keine weiteren Probleme mit der Leber mehr hast. Aber verdammt noch mal,

123

Suky, es ist kein Wunder, daß Du Dir Hepatitis geholt hast. Mußte es von allen schrecklichen Orten der Welt denn ausgerechnet Haiti sein, auch wenn es nur ein Kurztrip war? Kein Wunder, daß Du mir nichts davon geschrieben hast. Wahrscheinlich hast Du gewußt, daß ich Himmel und Hölle in Bewegung versetzt hätte, um Dich davon abzubringen. Scheinbar fandest Du es ganz in Ordnung, weil Du eingeladen warst, so daß Du kein Geld ausgeben mußtest. Aber es hat Dich sechs Wochen Unterricht gekostet, ganz zu schweigen von dem Vermögen, das ich für Deinen Krankenhausaufenthalt hinblättern mußte.

Du schreibst, Haiti war malerisch, und sicher hast Du recht. Doch eben dieses Malerische ist ein Produkt der Armut, in dem sich Krankheitserreger mit Vorliebe ausbreiten. Ich selbst konnte die Armut von anderen an solch exotischen Orten häufig beobachten und habe mit allerlei Wehwehchen und Zipperlein dafür bezahlen müssen, wie Du weißt. Doch will ich Dir vor allem klarmachen, daß Hepatitis eine ernste Sache ist, die Du nicht auf die leichte Schulter nehmen darfst. Aus Deinen eher beiläufigen Bemerkungen dazu schließe ich allerdings, daß gerade dies der Fall ist. Bitte erinnere Dich, daß Deine Urgroßmutter Gray auf einer Reise nach Mexiko Hepatitis bekam und in kürzester Zeit daran gestorben ist. Also bleib um Himmels willen in Mount Holyoke, und trage nicht zu meiner Schlaflosigkeit bei, indem Du an Orte reist, von denen Du weißt, wie gefährlich sie sein können. Gott sei Dank trinkst Du keinen Alkohol. Doch allzuviel Cannabis kann der Leber genauso sehr schaden, verstehst Du? (Ebenso Kaffee und Tabak!) Dein Arzt hat Dir das sicher erklärt, aber das heißt nicht, daß Du auch zugehört hast. Eine Attacke überstanden zu haben bedeutet keineswegs, daß man in Zukunft immun ist; im Gegenteil, es macht einen sogar anfälliger für die nächste.

Verzeih mir, wenn ich zu penibel werde, aber Du schreibst, daß Du den Leiter der Buchhandlung von dem Kredit überzeugt hast. Es ist nicht möglich, jemandem von einem Kredit zu überzeugen. Wenn Du *überzeugen* benutzt, mußt Du entweder sagen, Du hast ihn überzeugt, Dir Kredit zu gewähren, oder Du hast ihn überzeugt, daß er Dir Kredit gewähren soll. Ende der Vorlesung, und bis bald.

an Pamela Loeffler

Es hat keinen Sinn, nach Neuigkeiten von hier zu fragen. Neuigkeiten stammen im allgemeinen nicht aus diesem Teil der Welt, und wenn hier doch einmal etwas passiert, was im Rest der Welt als Neuigkeit gilt, erfahren wir aus ausländischen Radionachrichten davon. Und die Nachrichtensendungen sind natürlich voll mit Berichten über den Terrorismus. Für die meisten Europäer und Amerikaner hat der Begriff »Terrorist« sicher einen negativen Beigeschmack, für die Menschen hier dagegen bedeutet er soviel wie »Patriot«. So können Taten, die die einen für verbrecherisch und verwerflich halten, für andere heldenhaft sein. Wie sollen sie jemals zusammenkommen?

Eine Theateragentur in Sydney? Ich hätte nie gedacht, daß es dort so etwas geben könnte. Jetzt verstehe ich, warum sie Fronda Farquhar heißt; immerhin kommt sie von dort. Deine Beschreibung der Picknicks erinnert mich an Waugh oder den frühen Angus Wilson. Wie hast Du bloß drei davon überstehen können, einschießlich F. Farquhar und Ruth P.? Ich vermute, Dick hat sich geweigert mitzukommen, weil er sich nicht allzuweit von seiner Nachschubquelle – Deinem Kühlschrank entfernen wollte. Er war schon immer unersättlich. Ich werde Dich diesbezüglich nicht um Deine Meinung bitten; Du bist viel zu weit entfernt, als daß man Dir unwichtige Fragen stellen könnte. Aber es muß doch auch eine Erleichterung sein, zu wissen,

125

daß jetzt alle wieder weg sind – trotz des Gefühls, allein zu sein und sie zu vermissen. Ich kann mir jedenfalls nicht vorstellen, daß Du ausgerechnet diese drei vermißt. Ist es nicht vielmehr die Gegenwart eines anderen, die Du vermißt, eines Menschen, mit dem Du ab und zu reden kannst? Dies ist, nebenbei gesagt, keine unwichtige Frage, und ich stelle sie keineswegs rein rhetorisch. Denn es fiel mir ein, daß Sue Choate, die Urgroßenkelin der Schwester meines Vaters, eine Schulfreundin in Honolulu besuchen wird und Dich vielleicht besuchen könnte. (Ich glaube, ich habe Dir geschrieben, daß ich ihre Ausbildung finanziere; daher ist es von großem Interesse für mich, zu wissen, wo sie ihre Ferien verbringt.) Als sie das letzte Mal außerhalb der Vereinigten Staaten war, fuhr sie nach Haiti und holte sich eine Hepatitis. Natürlich kann man von einer Siebzehnjährigen nicht erwarten, daß sie sich in solchen Dingen vorsieht. Haiti winkte, sie war eingeladen, und es klang aufregend, also fuhr sie.

Laß mich wissen, was Du von meiner Idee hältst. Ich denke, es könnte für Euch beide angenehm sein. Sie ist charmant, lebendig und sehr anziehend. Gesprächig, aber auf intelligente Art, und läßt sich überdies leicht stoppen. (Ich beschreibe sie so, wie sie mit fünfzehn war; seitdem habe ich sie nicht mehr gesehen.)

Wenn Du mit Horden von Besuchern rechnest und Suky Dir im Weg wäre, sieht die Sache natürlich anders aus. Doch schreib mir, sobald Du kannst, damit ich ihren Sommer planen kann.

Was ist aus den Leuten aus Kalifornien geworden, die nur sechs Meilen von Dir entfernt wohnten? Mögen sie keine Picknicks?

Ich lege Dir einen Zettel mit Sues Adresse und Telefonnummer in Holyoke bei, für alle Fälle.

126

Es war nett von Dir, so schnell zu antworten, wenn ich auch nicht gerade erfreut darüber war, daß Du den Kaftan verkauft hast. Ohne ihn auch nur einmal zu tragen! Andererseits muß ich zugeben, daß Du einen unglaublichen Preis dafür erzielt hast. Deine Freundin Myra muß ja im Geld schwimmen. Aber dazu habe ich ihn Dir nicht geschickt: daß Du ihn verkaufst, nur um mehr Taschengeld zu haben. Ich hatte gehofft, daß es ein ganz besonderes Stück Deiner Garderobe sein würde. Du sagst, daß man sich daran gewöhnen muß, ohne alles auszukommen, wenn man arm wird, und daß Du es nicht über Dich gebracht hast, mich um Geld zu bitten, da ich Deine Krankenhausrechnung bezahlte. All das weiß ich durchaus zu schätzen. Trotzdem tut es mir leid, daß Du das Thema nicht angesprochen hast, bevor Du das Kleidungsstück verkauft hast. Ich hätte versucht, Dich davon abzubringen, selbst wenn ich die zwölfhundert, die Du dafür bekommen hast, nicht hätte aufbringen können – zumindest nicht auf einmal, wie Du es offensichtlich gewollt hättest.

Hast Du schon darüber nachgedacht, wie Du den Sommer verbringen willst? So gern ich Dich sehen möchte, ich rate Dir davon ab, herzukommen. Es gibt nichts, was Dich interessieren würde, fürchte ich. Hotels sind relativ preiswert, ja, aber nicht erschwinglich genug für mein Portemonnaie. Und meine Freunde mit Gästehäusern, wo Du umsonst hättest wohnen können, sind entweder gestorben oder weggezogen.

Da bin ich auf die Idee gekommen, daß Du vielleicht gern nach Hawaii fahren würdest. Ich weiß, der Vorschlag klingt absurd, zumal er unmittelbar auf die Ermahnung zur Sparsamkeit folgt. Doch ich habe dort eine alte Freundin, die Dich aufnehmen könnte und es möglicherweise sogar mit Freuden tun würde. Du hast sie nie getroffen, aber vielleicht hast Du mich von ihr erzählen hören, als Du ein Kind warst. Das ist allerdings unwahrscheinlich. So würde Dein Sommer mich nur das Rückflugticket kosten, und was noch besser ist, ich bräuchte mir keine Sorgen darüber zu machen, ob Du heimlich nach Mexiko oder Jamaica, oder Gott behüte, nach Haiti ausgebüchst bist. Aber Du weißt wahrscheinlich selbst am besten, was Du willst und wie Du Dir Deine Ferien vorstellst. Es war nur ein Vorschlag; vielleicht tauchen im Lauf der Zeit noch andere auf.

Ich sollte hinzufügen, daß ich Deine Sorgen ums Geld zu schätzen weiß und verstehe, daß Du den Kaftan verkauft hast, um mir zu helfen; deshalb bin ich nicht allzu traurig, daß Du ihn nie getragen hast und ich kein Foto von Dir mit ihm habe. Übrigens funktioniert die Post schlechter als je zuvor.

an Susan Choate

Ich frage mich ständig, warum Du unbedingt wissen willst, wieviel ich für den Kaftan bezahlt habe. Mir ist klar, Du hoffst, daß es sehr wenig war, als könnte dies den Verkauf rechtfertigen. Aber Deine Logik steht auf wackeligen Beinen. Es geht nicht um die Frage, wieviel *ich* dafür bezahlt habe; der Punkt ist vielmehr, wieviel *Du* dafür bezahlt hast, und die Antwort lautet, nichts. Daher kannst Du Deine zwölfhundert einstreichen, ohne Dir den Kopf darüber zu zerbrechen, wieviel er mich gekostet hat. Ich verstehe Deine Denkweise, und vermutlich zeigt es so etwas wie Familiensolidarität: was Dein ist, soll auch mein sein. Da Du in Deinem kurzen Brief praktisch über nichts anderes sprichst, muß ich davon ausgehen, daß es wichtig für Dich ist, zu wissen, um wieviel Dein Verkaufspreis über meinem Einkaufspreis lag. Du möchtest wissen, wieviel »wir« an dem Handel verdient haben. Ich denke also, daß Du trotz der Tatsache, daß Du nicht zu merken scheinst, wie uner-

128

hört es ist, sich nach dem Preis eines Geschenkes zu erkundigen, eine Antwort verdienst, da Du »uns« einen Profit von einem glatten Tausender, abzüglich Portokosten, verschafft hast. Bist du nun zufrieden?

Du scheinst meinen Vorschlag mit Hawaii nicht sehr ernst zu nehmen. Ich kann verstehen, warum, bei all unserem Gerede über Geldmangel. Trotzdem meinte ich das in vollem Ernst, als eine Art, das Ferienproblem zu lösen. Ich verstehe, daß Du vielleicht nicht allzugern zu Gast bei einer Frau bist, die Du gar nicht kennst, oder auch bei irgend jemand anderem. Aber Pamela ist das, was man heutzutage als »locker« bezeichnet – tolerant und gesellig. Sie erweckt den Eindruck, zwanzig Jahre jünger zu sein, als sie tatsächlich ist. (Sie ist Ende Fünfzig und hat sich möglicherweise einer kosmetischen Operation unterzogen, aber irgendwie bezweifle ich es. Dinge dieser Art würde sie wahrscheinlich für sich behalten.) Zeichne ich sie als einen Menschen, mit dem Du lieber nichts zu tun hättest? Ich hoffe nicht, denn ich wäre froh, Dich für den Sommer versorgt zu wissen. Abgesehen davon, daß das Ferienproblem damit gelöst wäre, könnte sich Dein Aufenthalt dort auch in anderer Hinsicht als vorteilhaft erweisen.

Vielleicht bin ich aber auch einfach verrückt, und in diesem Fall ergibt keiner meiner Vorschläge einen Sinn.

Wie auch immer, laß von Dir hören.

an Susan Choate

Dein Freund McCall scheint ein echter Trottel zu sein. Warum fährt er Dich nach Hartford, wenn er genau weiß, daß Du den Bus zurück nehmen mußt, und sagt vorher keinen Ton? Du findest es offenbar nicht ungewöhnlich; diese Art von unverantwortlicher Grobheit scheint heutzutage zum guten Ton zu gehören. Ich finde es nicht sehr passend, andererseits tun junge Leute bekanntlich alles,

129

um so unattraktiv wie möglich zu sein, sowohl in ihrem Charakter wie in ihrem Verhalten. Insofern ist Dein Freund aus Amherst wahrscheinlich gar nicht schlimmer als die anderen.

Ich sehe, daß Du anfängst, über die Hawaii-Idee nachzudenken. Ich finde es jedoch nicht richtig, daß Du den Begriff »befehlen« verwendest oder andeutest, daß ich Dich »gedrängt« habe, wie Du es ausdrückst. Einen Befehl zu geben, ist eine Sache, um einen Gefallen zu bitten, eine andere. Vielleicht habe ich mich in meinem letzten Brief nicht besonders klar ausgedrückt. Wenn Du Pamela besuchst, könntest Du, wenn Du es geschickt anstellst, möglicherweise finanzielle Unterstützung für das nächste Jahr erhalten. Dir in Deiner kindlichen Unschuld wäre das sicher nie in den Sinn gekommen. Ich aber habe darüber nachgedacht und sehe es als vage Möglichkeit. Pamela hat mehr Geld, als sie ausgeben kann, und sie ist großzügig. Sie und ich sind alte Freunde, wie Du weißt, und wenn sie Dich ins Herz schlösse und ihre Hilfe anböte, wüßte sie, daß sie damit auch mir hilft. Natürlich läge es bei Dir, wenn Du erst mal dort wärest, wie Du vorgehen würdest. Es ginge darum, den richtigen Moment zu finden und dann vollkommen ehrlich zu sein. Es liegt also auf der Hand, daß es in meinem Interesse ist (und mehr noch in Deinem, vermute ich), daß Du fährst.

Denk noch ein wenig weiter darüber nach, und wenn Du eine Lösung gefunden hast, laß sie mich wissen. Aber warte nicht zu lange.

an Susan Choate

Pamela hat positiv reagiert und mich gebeten, Dir auszurichten, sie wäre froh, Dich bei sich zu haben, solange es Dir gefällt – den ganzen Sommer, wenn Du magst. Sobald sie weiß, wie Du Dich entschieden hast, wird sie direkten Kontakt mit Dir aufnehmen. Doch wenn Du Dich entschließt, zu fahren, schick ihr sofort ein Telegramm oder ruf sie an, noch bevor Du mich verständigst. Denn wenn Du ihre Einladung über mich annimmst, wird der Rest des Frühlings damit draufgehen. Massachusetts – Marokko, Marokko – Hawaii.

Hätte ich Zugang zu einem Telefon, würde ich Dich anrufen. Und wenn man, um ein Telegramm loszuschicken, nicht eine Stunde lang in der Schlange stehen müßte, würde ich Dir kabeln und eine Menge Zeit sparen. Aber dazu kann ich mich nicht durchringen.

Auf alle Fälle ist die Maschinerie jetzt in Gang gekommen. Laß von Dir hören.

an Susan Choate

Dein Brief enthielt die schönste Nachricht, die Du mir schicken konntest. Gott sei Dank für Lucy Piper! Da ich wußte, daß Du eine Freundin auf Hawaii hast, habe ich zu einer Notlüge gegriffen und Pamela erzählt, daß die Familie des Mädchens Dich eingeladen hätte. Ich brauchte einen Vorwand, an dem ich meinen Vorschlag, daß Pamela Dich nach Maui einladen solle, aufhängen konnte. (Da Du ohnehin in Hawaii wärest, usw.) Nun stellt sich heraus, daß es letztlich gar keine Lüge war. Die zwei Wochen in Honolulu werden Dir Spaß machen, besonders wenn ihre Eltern nicht da sind. Die Pipers mögen die charmantesten Leute der Welt sein, trotzdem ist es im allgemeinen besser, wenn die Familie nicht in der Nähe ist.

Ich schreibe meiner New Yorker Bank, daß sie Dir fünfzehnhundert schicken soll. Mit dem, was Du schon hast, müßte es für den Hin- und Rückweg reichen. Schick mir ein Telegramm, wenn Du in San Francisco ankommst und bevor Du nach Hawaii weiterfliegst. Ich werde jetzt nicht mehr schreiben. Ich wollte Dich nur schnell wissen lassen, wie froh ich über Deine Entscheidung bin.

131

an Susan Choate

Das Telegramm, das Pamela Dir geschickt hat, hat im wesentlichen denselben Wortlaut wie das an mich. Sie wird Dich am 20. Juni bei Pipers abholen und mit Dir nach Maui fliegen. Das ist eine ideale Lösung. Ein glücklicher Zufall. Sie wollte in dieser Woche sowieso nach Honolulu, es ist also nicht so, daß sie extra deinetwegen kommt. Es ergab sich einfach.

Trotz Deiner Befürchtungen glaube ich, daß die Möglichkeit, Pamela könne sich in Deiner Gesellschaft langweilen, gleich Null ist. Du in ihrer, wer weiß? Ist aber eher unwahrscheinlich.

Was meinst Du mit »Vorgehensweise« bei Pamela? Natürlich gibt es keine. Du mußt eben improvisieren. Wie kann ich Dir von hier aus raten oder gar ein Verhaltensmuster vorgeben? Oder die komplexe Choreographie von Tricks und Täuschungsmanövern voraussehen, die Eure Konversation ausmachen wird? Frauen wissen selbst am besten, wie sie miteinander umgehen müssen, und brauchen den Rat eines Mannes nicht.

Zerbrich Dir jetzt nicht den Kopf darüber; das hält Dich nur vom Lernen ab. Dafür hast Du später noch Zeit genug. Bring Deine Arbeit zu Ende und mach Dich mit Lucy Piper auf den Weg. Ich hoffe, sie ist eine gute Reisegefährtin.

Postskriptum: Vernichte meine Briefe, sobald Du sie gelesen hast. Es werden ohnehin nicht viele sein. Der Sommer ist zu kurz.

an Pamela Loeffler

So ist alles gutgegangen, *grace à Dieu*. Und jetzt ist Suky bei Dir. Wie würdest Du ihre spontane Reaktion auf die neue Umgebung einschätzen? Ich frage Dich, weil ich nicht erwarte, daß sie mir in ihren Briefen eingehenden Bericht

132

erstattet, falls sie sich überhaupt entscheidet, mir zu schreiben. Ich bin ein wenig überrascht, daß sie mir nicht einmal ein paar Zeilen geschickt hat. Wahrscheinlich hat sie geglaubt, ein Brief von Dir reiche aus.

Ich bin froh, daß Du sie umgänglich findest. Bei den ganz Jungen weiß man das nie; ihre Stimmungen sind wie Quecksilber. Sie ist viel zuviel allein gewesen. Ihre Eltern kamen ums Leben, als sie zwölf war, und ich habe sie seitdem erst einmal – kurz – gesehen. Sicher hat sie sich verändert.

So etwas wie Haschisch hat es in Marokko nie gegeben; erst die Amerikaner haben es hier eingeführt. Kif verflüchtigt sich, und sie suchten nach einer kompakteren und haltbareren Form, daher arbeiteten die Amerikaner mit einer Presse. So erzielten sie eine Art Ersatzhaschisch. Die Marokkaner, die kein Haschisch kannten, weder gutes noch schlechtes, folgten ihrem Beispiel und merkten, daß sie ihr Produkt im Ausland absetzen konnten. Seitdem bringen sie ihre minderwertige Ware an den Mann und machen bis heute große Gewinne mit dem Export. Es gibt eine direkte Verbindung zwischen dem Haschischhandel und der allgegenwärtigen Korruption. Mit einer großen Summe bringt man hier jeden zum Schweigen. Vermutlich ist da, wo Du jetzt bist, alles ganz anders; weißt Du etwas darüber? Das heißt, mehr als das, was in der Zeitung steht?

Sprich mit Sue, daß sie mir zumindest ein paar Zeilen schickt, wenn sie zwischen all ihren Verabredungen Zeit dafür findet. Zwei Freunde? Wer sind sie? Ich hatte geglaubt, Du lebtest ziemlich isoliert. Offenbar war das ein Irrtum.

Wie kommst Du darauf, ich sei »besessen« von dem Mädchen? Wenn Du eine solche Theorie vor ihr auch nur angedeutet hast, wird sie sie unweigerlich in einem Freudschen Licht sehen. Dies würde ihr einen perfekten Vorwand liefern, um nicht zu schreiben. Wie könnte sie es sonst auffassen? Und wie hast *Du* es eigentlich gemeint? »Besessen« ist ein Begriff, der viel zu gedankenlos verwendet wird.

an Pamela Loeffler

Ich kann nicht anders, aber ich mache mir große Sorgen, daß ich immer noch keine Nachricht von Sue habe. Ich weiß, Du sagst, es geht ihr gut, aber ich bin nicht überzeugt. Ginge es ihr wirklich gut, würde sie mir schreiben. Es liegt auf der Hand, daß irgend etwas sie beunruhigt, sonst würde sie nicht davor zurückschrecken, es mir zu erzählen, und es ist mehr als dieser Unsinn, den sie Dir eingeredet hat, daß ich ihr »entsetzliche Angst« einjage. Sie weiß selbst, wie absurd das ist. Wie kann sie mich als »autoritär« bezeichnen? Wir haben einander seit mehreren Jahren nicht gesehen, und man läßt sich schließlich nicht durch Briefe »entsetzliche Angst« einjagen.

Was ist bloß in sie gefahren? Das Problem ist, Du kennst sie nicht, deshalb würden Dir kleine Veränderungen, die sie in letzter Zeit durchgemacht haben könnte, gar nicht auffallen. Hast Du versucht, sie zu überreden, daß sie sich hinsetzt und mir ein paar Worte schreibt?

Eines versteht sich wohl von selbst: ich erwarte nicht, daß Du ihre Freunde für sie aussuchst. Ich habe nicht das geringste dagegen, daß sie sich dreimal in der Woche oder auch jeden Tag, wenn es sein muß, mit einem japanischen Automechaniker trifft, also brauchst Du Dir meinetwegen keine Gedanken zu machen. Bitte, verstehe, daß ich Dich in keinster Weise verantwortlich für ihr Verhalten mache. Sie ist alt genug, um selbst auf sich aufzupassen. Wie sie Dir sicher erzählt hat, ist sie eine Anhängerin der »Frauenbewegung«.

134

an Susan Choate

Heute morgen habe ich etwas gesehen, daß mich amüsiert hat. Zwei kleine, etwa fünfjährige Jungen spielten Stierkampf. Der Stier war ein Kinderwagen, in dem ein Baby festgeschnallt war, und der Kleine, der den Kinderwagen schob, tat sein Bestes, um den Torero auf die Hörner zu nehmen, der ihm auswich und zur Seite sprang. Irgendwann machte der Stier einen letzten, verzweifelten Versuch und stieß mit solcher Wucht zu, daß er gegen einen Telefonmast rannte. Torero entzückt. Baby unter seiner Decke wach gerüttelt, ansonsten ungerührt.

Schreib mir doch ein paar Zeilen über das Haus und wie es dort zugeht. Vergiß nicht, ich war noch nie da und bin neugierig. Ein paar Sätze mit persönlichen Eindrücken bedeuten mehr als viele Seiten eines Reiseberichts. Ich bitte nicht um einen Aufsatz, Du kannst alles in zwei Absätzen unterbringen. Einen über den Ort, und den anderen über Pamela. *Finis.*

an Susan Choate

Und jetzt endlich bequemst Du Dich zum Schreiben, so knapp vor Deiner Abreise, daß ich nicht einmal sicher sein kann, daß dieser Brief Dich noch rechtzeitig erreicht. Wenigstens gibst Du einen wahrscheinlich ehrlichen Grund für Dein Schweigen an: daß Du einfach zu viel Spaß hattest. Das ist natürlich das Allerbeste, und ich bin froh, daß es so gekommen ist. Es wäre schrecklich gewesen, wenn Du das Haus verabscheut und Dich mit Pamela gelangweilt hättest. Aber was bist Du doch für ein merkwürdiges Geschöpf, mich den ganzen Sommer lang auf eine Seite warten zu lassen, die Dich nicht mehr als fünf Minuten gekostet hätte.

Die letzte Nachricht, die ich von Dir erhielt, war das Telegramm, das Du mir aus San Francisco geschickt hast, daher habe ich keine Ahnung, wie es mittlerweile um Deine

Finanzen bestellt ist oder ob Du ein Rückflugticket hast. Doch nach einer Weile hört man auf, sich Sorgen zu machen, und wird zum Philosophen. Ich glaube, daß Philosophie nichts anderes ist als sublimierte Sorge. Wäre dies ein Telefongespräch, könnte ich sagen: Gib mir Pamela. Doch ich werde ihr schreiben, sobald ich diesen Brief in einen Umschlag gesteckt habe. Ich bin sehr glücklich, daß Dir Deine Ferien gefallen haben.

an Pamela Loeffler

Habe gerade einen Brief an die Missetäterin beendet. Wie Du wahrscheinlich weißt, hat sie sich schließlich doch noch entschieden, mir zu schreiben, bevor sie ins College zurückkehrt. Sie schildert alles in den glühendsten Farben – besonders Dich, über die sie ein paar äußerst scharfsinnige und durchweg positive Bemerkungen macht. Ich glaube, sie hat das Spektrum Deiner Persönlichkeit in all seiner Komplexität durchschaut, und dafür gebe ich ihr gute Noten. Aus Deinem letzten Brief schließe ich, daß Du sie ebenfalls gern um Dich hattest.

Hast Du den Eindruck, daß sie sich irgendwelche Gedanken über Geld macht? Wenn sie vernünftig war, müßte sie mehr als genug haben, um wieder nach Massachusetts zurückzukommen. Trotzdem möchte ich Dich bitten, falls Du diesen Brief rechtzeitig bekommst und glaubst, daß sie noch etwas braucht, es ihr zu geben. Ich werde es Dir umgehend erstatten.

Ich versuche, bald einen richtigen Brief zu schreiben, was dieser hier nicht ist. Was ich als echten Brief bezeichne, sollte eine Mischung sein aus persönlicher Konversation, Tagebuch (was ist passiert) und Journal (was denkt man über das, was passiert ist). Sei's drum.

136

an Pamela Loeffler

Dein Brief enthielt in der Tat schlechte Neuigkeiten. Bist Du wirklich überzeugt von dem Arzt? Ich frage, weil es mich wundert, daß er offenbar nicht sicher war, ob es sich um einen Rückfall der Hepatitis handelte, die sie sich in Haiti eingehandelt hat, oder um einfache Dysenterie (ohne Amöben, meine ich).

Arme Suky! Sag ihr, sie soll sich ausruhen und sich keine Sorgen darüber machen, daß sie zu spät zum Unterrichtsbeginn kommt. Sie kann die Stunden leicht nachholen.

Ich frage mich, ob Dein Arzt auf die Idee gekommen ist, daß sie einen Sonnenstich haben könnte. Du hast erwähnt, daß sie stundenlang am Strand war. Die Symptome klingen ein bißchen nach dem, was ich selbst erlebt habe, als mir die kubanische Sonne allzusehr zugesetzt hat. In solchen Situationen wünsche ich mir, ich hätte ein Telefon. Schick mir ein Telegramm, wenn sich ihr Zustand plötzlich zum Schlechten verändert.

Letzte Woche habe ich in einer französischen Zeitung etwas Unglaubliches gelesen. Es ging um ein Interview mit einem Freund von de Gaulle. Frage: »Dann war de Gaulle kein Antisemit?« Antwort: »Nun, ich erinnere mich, daß 1940 André Maurois kam und bat, unter vier Augen mit de Gaulle sprechen zu dürfen. Der General wandte sich an einen seiner Begleiter und fragte: ›Was macht denn der Itzig hier?‹ Aber das war nur seine Art, sich auszudrücken. De Gaulle war nie ein Antisemit.« Kleine Dinge wie dieses machen das Leben erst lebenswert.

Mag sein, daß der Hund der beste Freund des Menschen ist, aber nur, wenn er einen Herrn hat, der ihn füttert. Hier sind herrenlose Hunde eine echte Bedrohung. Sie jagen in Rudeln von fünfzehn bis zwanzig und haben die Gewohnheit angenommen, bei Einbruch der Dämmerung die Esel auf den Feldern anzugreifen. Sie rotten sich am Kopf des

Esels zusammen und versuchen, nach seiner Kehle zu schnappen. Er weicht zurück und wickelt dabei das Seil, mit dem er angebunden ist, langsam um den Baum. Wenn er nicht mehr vorwärts noch rückwärts kann, gehört er den Hunden, die ihn verschlingen. In Tanger gab es früher einen Hundefänger, der alle streunenden Hunde auf seinen Lastwagen geladen und ins Tierheim gebracht hat. Heute gibt es weder Hundefänger noch Tierheime. Die Hunde werden als natürliche Gefahr angesehen, so wie wilde Eber oder Schlangen.

Hoffentlich hast Du nicht zu viel zusätzliche Arbeit damit, daß Suky ans Bett gefesselt ist. Es tut mir leid, daß das Ganze mein Vorschlag war. Du bist ein Engel, wie immer. Schreib mir bald.

an Pamela Loeffler

Du klingst nicht sehr zuversichtlich, was Sues Besserung angeht. Natürlich hat sie mir nicht geschrieben, aber das kann ich wohl auch nicht erwarten, wenn sie sich so elend fühlt. Sie weiß, daß Du Kontakt hältst.

Florence ist also gekommen, unangemeldet. Und natürlich verteidigt sie sich mit der Geschichte von dem Brief, den sie aus Santa Barbara geschickt hat, obwohl sie selbst gesehen hat, daß er erst drei Tage nach ihrer Ankunft ankam. Obendrein muß sie ausgerechnet zu dem Zeitpunkt auftauchen, da Du die kranke Suky im Haus hast. Ich weiß, Du sagst, Deine Gäste stören Dich nie, aber es kostet immer eine Menge Zeit, sich um einen Kranken zu kümmern. Hoffentlich ist unsere Kranke mittlerweile wieder auf den Beinen. Es ist schon fast einen Monat her, daß es sie erwischt hat – was immer es auch war.

Und der Arzt will noch immer nicht mit der Sprache herausrücken und Dir sagen, was ihr fehlt? Nach all den Laboruntersuchungen? Ich finde so etwas unerhört, Du jedoch offenbar nicht, da Du ihn so gelassen zitierst, als sei er Pasteur persönlich. Derartige Umstände gehören meiner Ansicht nach zu den Nachteilen eines Lebens in Kahului. Du siehst, ich stehe auf Kriegsfuß mit Krankheiten. Im übrigen wäre ich viel lieber selber krank, als mich um einen Leidenden kümmern zu müssen.

Und Du – geht es Dir gut? Es tut mir leid, daß Sues Ferien so enden mußten. Ich hoffe aber, daß sie längst auf dem Weg nach Mount Holyoke ist.

Auf alle Fälle warte ich auf Nachricht von Dir. Und erzähl mir mehr über Florence; sie hat mich schon immer amüsiert. (Aus der Ferne.)

an Pamela Loeffler

Du bist genauso schlimm wie Suky, wenn nicht schlimmer, denn soweit ich weiß, erfreust Du Dich bester Gesundheit, während ich annehmen muß, daß sie noch immer im Bett liegt, da ich nichts Gegenteiliges gehört habe. Wie kannst Du einen ganzen Monat verstreichen lassen, ohne mir die kleinste Nachricht zukommen zu lassen? Ich schimpfe nicht, aber ich bin neugierig und *blessé* zugleich. Ich habe allmählich den vagen Eindruck, daß Du trotz Deiner Überzeugung, ich sei von Suky »besessen«, ganz und gar nicht glaubst, daß ich mir viel aus ihr mache.

Es stimmt, daß ich sie eigentlich gar nicht kenne; ich hatte nie Gelegenheit, sie kennenzulernen. Aber das spielt hier auch keine Rolle. Ich habe die Verantwortung für ihre Ausbildung übernommen und wünsche mir, daß alles gutgeht. Das kannst Du doch sicher verstehen.

Als ich heute morgen aufwachte (ein Augenblick, wo man Dinge aus ferner Vergangenheit plötzlich in allen Einzelheiten vor Augen hat), fielen mir die Anfangszeilen von zwei Liedchen ein, die meine Mutter mir vorsang, als ich noch sehr klein war. Beide handelten von einer Abfuhr, wie

139

mir jetzt klar wird. Eins ging so: »Nimm dein Gold zurück, denn mit Gold kannst du mich niemals kaufen«, und das andere, noch absurder: »Ich will nicht in deinem Garten spielen; ich liebe dich nicht mehr.« Ihrer Aussage nach waren sie ziemlich populär. Hast Du je von einem der beiden gehört?

Ich will dies möglichst schnell zur Post bringen, denn ich habe trotz allem die verzweifelte Hoffnung, daß Ihr Euch, falls Ihr bisher noch nicht geschrieben habt, durch mein Flehen doch noch erweichen laßt. Betrachte also diese Zeilen als ausdrückliche Bitte. Gib mir Nachricht über Sue!

an Pamela Loeffler

Deine Postkarte von den Fidschiinseln war ein Schlag ins Gesicht. Du glaubst vielleicht, es würde mich »amüsieren« zu erfahren, wo Ihr seid, aber das Gegenteil ist der Fall. Ich bin überrascht und fassungslos, daß Du Sue auf eine Reise durch den Südpazifik schleppst, während sie eigentlich längst im College sein sollte. Und ich halte überhaupt nichts von Deiner Theorie, daß eine solche Reise ihre Genesung beschleunigen könnte. Tatsächlich nehme ich Dir nicht einmal ab, daß Du selbst daran glaubst. Offenbar bildest Du Dir ein, daß das Alter die Menschen dumm macht. Oder war das nur das erstbeste, das Dir einfiel? Findest Du meinen Wunsch, daß sie ihre Ausbildung beendet, wirklich unglaublich, nachdem ich so viel Energie, Zeit und Geld hineingesteckt habe?

Es versteht sich von selbst, daß dieses Jahr verloren ist. Ich finde es unverantwortlich von Dir, das Mädchen unter Deine Fittiche zu nehmen und mit ihr weiß Gott wie lange weiß Gott wohin zu fliegen.

Dieser Brief wird Dich wohl erst in vielen Wochen erreichen. Richte S. aus, daß ich sehr enttäuscht darüber bin, wie sehr ihr eigenes Wohlergehen ihr im Grunde gleichgültig ist. Sag ihr, ich sei froh, daß es ihr gutgeht (wenn sie tatsächlich je krank war, wie Du mir zu verstehen gegeben hast) und daß ich antworten werde, sobald ich ein Lebenszeichen von ihr erhalte. Aber vermutlich hat sie ein schlechtes Gewissen und will deshalb nichts mit mir zu tun haben.

Ich werde meinen Schock und meine Empörung überwinden, aber das dauert seine Zeit.

an Pamela Loeffler

Ich habe in den letzten zehn Wochen drei Postkarten von Dir erhalten, von den Fidschiinseln, aus Apia und Papeete, außerdem Sues albernen Versuch, Humor zu zeigen: »Habe viel Spaß. Bin heilfroh, daß Du nicht hier bist.« Sag ihr, daß diese Karte nicht zählt. (Obgleich sie mir beweist, daß sie nur deshalb imstande war, ihre Aggressionen mir gegenüber auszudrücken, weil sie sich in Deiner Gegenwart sicher fühlte). Sie muß sich schon zu einem Brief aufraffen, wenn sie von mir hören will.

Falls Ihr Euch an den Plan gehalten habt, den Du mir auf Deiner Postkarte aus Papeete skizziert hast, müßtest Du jetzt wieder zu Hause sein. Ich erwarte dringend Deine Nachricht.

Ich verstehe immer noch nicht, warum Ihr diese sinnlose Reise unternehmen mußtet. Vielleicht hast Du das Bedürfnis, es zu erklären, wenn Du Dich wieder eingelebt hast. Vielleicht aber auch nicht. Es spielt im Grunde keine Rolle. Ich denke, das Grundmuster ist klar.

an Pamela Loeffler

Wir scheinen in eine Sackgasse geraten zu sein: gegenseitige Mißverständnisse aufgrund von UVI (unzureichender Vorab-Information). Du nimmst Anstoß an allem, was ich sage. Du läßt nicht mit Dir reden. Ich kann mich des Eindrucks nicht erwehren, daß Ihr beide Euch gegen mich verbündet habt. Ich sehe nun auch, daß S. sich Dir völlig anvertraut hat, und das zu meinem Nachteil. Ich habe ihr erzählt, daß Du großzügig bist und es stets warst.

Der Fehler bestand, glaube ich, in dem Rat, meine Briefe zu vernichten. Das war dumm, denn es gab nichts Belastendes darin, wie Dir sicher klar ist, da Du sie gelesen hast. Aber es muß sie doch irgendwie nachdenklich gemacht haben, so daß sie jetzt glaubt, ich hätte sie als »Pfand« in meinem »Finanzplan« benutzt. Du müßtest eigentlich wissen, daß dieses Argument vollkommen unsinnig ist. Wenn nicht, kann ich auch nichts daran ändern, und dann ist es ohnehin nicht von Belang.

Ich habe ein paar Zeilen von Florence erhalten – zum ersten Mal nach mindestens fünfzehn Jahren. Sie wollte mich wissen lassen, wie schön es mit Dir war, und wie sehr sie Sue ins Herz geschlossen hat. Sie war ganz begeistert von Klima, Landschaft, Picknicks und Strand und erwähnte im übrigen mit keinem Wort, daß jemand krank im Bett gelegen hätte. Ihr zufolge seid Ihr überall zusammen hingegangen, und es war wunderbar. Dies weicht natürlich erheblich von der offiziellen Version ab.

an Pamela Loeffler

Noch ein paar nachträgliche Gedanken. Du kannst S. sagen, daß ich ihrer Tante Emily West (die nach dem Tod ihrer Eltern zu ihrem Vormund ernannt wurde) geschrieben und sie darüber in Kenntnis gesetzt habe, daß ihre Nichte das College verlassen hat und eine Adresse auf Hawaii hat, unter der man sie erreichen kann. Ich habe darüber hinaus Kontakt zu meinem Anwalt in New York aufgenommen, ihm erklärt, daß ich meine finanziellen Verpflichtungen gegenüber Susan Choate mit dem Abschluß ihrer akademischen Karriere als beendet ansehe, und ihn zugleich gebeten, alle weiteren Beschlüsse in bezug auf ihre Zukunft rückgängig zu machen.

Was einen Brief meinerseits an S. angeht, so sehe ich dafür keinen Grund. Sie hat sehr deutlich gemacht, daß sie es vorzieht, nichts von mir zu hören. Und was könnte ich in dieser Situation auch sagen? »Ich hoffe, daß Du Deine Entscheidung nicht bereuen wirst?« Wie Du mir schreibst, vermutet sie bereits, daß ich ihr Tun nicht billige, so daß alles, was ich sagen könnte, die Vermutung zu einer Gewißheit werden ließe. Es wäre schwer, sie davon zu überzeugen, daß ich nichts dagegen einzuwenden habe, was sie tut. In ihren Augen ist es wahrscheinlich besser, wenn ich von ihrem Verhalten erschüttert bin; ich glaube, so hat sie einfach mehr Spaß daran. Sie erwartet, daß ich ihr übelnehme, wenn nicht alles so gekommen ist, wie ich es mir für sie vorgestellt hatte. Aber das liegt nur daran, daß sie mich nicht kennt. Was sie vermutlich als meinen altmodischen Briefstil bezeichnet, hat sicher mit dazu beigetragen, daß sie mich für einen sturen alten Bock hält.

Trotzdem kannst Du mir glauben, wenn ich Dir sage, daß sie sich in einen japanischen Automechaniker verlieben, mit Dir ins Bett gehen und einen Orang-Utan heiraten könnte, und es wäre mir egal. Es gibt einfach zu wenig Zeit im Leben für gegenseitige Schuldzuweisungen.

1958

Biographie

Der erste Himmel, den er sah, war der Himmel über New York.

Im Winter schneite es. Die Schule war düster.

Es gab ein Lied, das ging so: »Wenn ihr zurückkommt, falls ihr überhaupt zurückkommt.«

Es richtete sich an die amerikanischen Soldaten in Frankreich.

Es gab einen Tag, an dem die Kinder durch die Straße marschierten.

Sie sangen *Marching Through Georgia,* ein Triumphlied aus dem Bürgerkrieg.

Nun galt es einem anderen Triumph.

Kaiser Wilhelm würde nicht länger durch die Träume der Kinder spuken.

Sommer bedeutete Sonne und Seen und Grillen.

Pfirsiche fielen zur Erde, und das Stoppelgras spießte sie auf.

Ein Tag war unteilbar, kannte keine Stunde.

Die Dunkelheit brachte die Stimmen der nächtlichen Insekten mit sich.

Doch die Schule ging viele Jahre weiter. Es herrschte strenge Disziplin.

Der Gedanke an Flucht schlug Wurzeln und wuchs.

In einer Nacht voller Donner am Himmel packte er seine Sachen und verschwand.

Die *S. S. Rijndam* war alt und langsam. Dies war ihre letzte Fahrt.

Die Passagiere, die nach Boulogne wollten, gingen in einem Beiboot an Land, schaukelten auf den Wellen.

Im Morgengrauen lagen die leeren Straßen von Paris sauber und glänzend da.

Das war vor siebenundfünfzig Jahren. Heute ist alles anders.

Die Wunder von Paris: Le Café du Dôme, La Mosquée, le Théâtre du Grand Guignol, le Bal Nègre de la Rue Blomet.

Er arbeitete für vierzig Francs die Woche, und manchmal hatte er Hunger.

Dann kam ein Mädchen, das er aus seiner Kindheit kannte, nach Paris und rettete ihn.

Er wanderte an der Côte d'Azur, in der Schweiz und die schmalen Wege des Schwarzwalds entlang.

Er war glücklich, und er schrieb Worte, die er für Gedichte hielt.

In diesem Winter in New York sagte Aaron Copland zu ihm: Du solltest Komponist werden.

Das wird schwierig, dachte er, aber warum nicht?

Bald war er wieder in Paris. Er bewunderte Gertrude Stein.

Sie eröffnete ihm, er sei kein Dichter, also hörte er auf, einer sein zu wollen.

Das bedeutete, daß er sich nur noch der Musik widmete.

Miss Stein mochte auch seine Musik nicht.

In Hannover besuchte er Kurt Schwitters.

Er ging mit ihm zur Müllhalde der Stadt, und sie sammelten Material für den Merzbau.

In Berlin schrieb er Musik, und die Leute schrien: *Fenster zu!* In Paris riefen sie: *Fermez la fenêtre!*

In Tanger hörten ihn nur Copland und die *cicadas*.

In der Sahara verliebte er sich in den Himmel und wußte, daß er immer wieder zurückkehren würde.

Im Frühling war er in Agadir, wo das Essen unrein war.

Die Ärzte in Paris sagten, er habe Typhus.

Einen Monat lag er im Krankenhaus. Seine Mutter kam aus New York.

Als er gesund war, fuhren sie nach Spanien und Monte Carlo.

Es wurde Winter. Er wollte die Wüste.

Er mietete ein Haus außerhalb der Oase von Ghardaia.

Auf dem Rücken eines Kamels ritt er nach Tunesien.

In Tunis erfuhr er, daß er kein Geld besaß.

Franklin D. Roosevelt hatte die Banken geschlossen. Der Dollar war nicht verkehrsfähig.

Französische Freunde schickten ihm Francs.

Er kam mit seiner Pythonhaut und siebzehn Schakalfellen in Tanger an.

Er wußte, daß er nach Amerika zurückkehren mußte, doch zuerst fuhr er nach Puerto Rico.

So wehrte er sich noch eine Weile gegen den Käfig.

In New York dachte er nur an Marokko.

Wie ein Gefangener, der seinen Ausbruch plant, bereitete er seine Flucht vor.

Und der Sommer fand ihn auf dem Weg nach Osten. Diesmal besuchte er Fez.

Zwar erwarteten seine Eltern ihn in New York, doch er fuhr nach Südamerika, um zu sehen, wie es dort war.

Die Wälder und Berge verzauberten ihn, aber er blieb nicht.

Er war in Kalifornien und schrieb Musik. Er war in New York und schrieb Musik.

Orson Welles brauchte Musik für zwei Stücke, und er lieferte sie.

Kristians Tonny und seine Frau kamen nach New York.

Jane Auer erschien auf der Bildfläche, und die vier brachen zusammen nach Mexico auf.

Einen Tag nachdem sie in Mexico City ankamen, verschwand Jane.

Viel später hörten sie, sie sei nach Arizona gegangen.

Nach ein paar Monaten fuhren sie weiter nach Guatemala. Es war sehr schön.

Er eilte nach New York, um sein erstes Ballett zu orchestrieren.

Er lud Jane Auer zu einer Aufführung mit dem Philadelphia Orchestra ein.

Bald wurde Jane Auer Jane Bowles.

Mit viel zuviel Gepäck gingen sie an Bord eines japanischen Schiffes und fuhren nach Süden.

Dann waren sie in Guanacaste, voller Affen und Papageien, und sie nahmen einen Papagei mit von Costa Rica nach Guatemala.

Sie waren an der Côte d'Azur, als Chamberlain München besuchte.

Sie waren in New York, als Hitler nach Osten marschierte.

Er schrieb Musik für Theater- und Filmregisseure.

Und Jane schrieb einen Roman.

Sie beschlossen, nach Mexico zu gehen. Die *hacienda* lag dreitausend Meter hoch.

Als er nach New York fliegen mußte, blieb Jane zurück.

Die Pension, in der sie diesen Winter verbrachten, stand unter Leitung des Dichters Auden.

Jeden Morgen um halb sieben traf Jane sich mit ihm im Eßzimmer.

Jane war eine Freundin von Thomas Manns Tochter Erika, und Auden hatte sie geheiratet. Sie hatten viel zu besprechen.

Bald waren sie wieder in Mexico. Er komponierte eine *zarzuela*.

Und Jane schrieb einen Roman.

Eines Tages war sie damit fertig.

Am nächsten Tag bombardierten die Japaner Pearl Harbor.

Sie fuhren nach Tehuantepec und lauschten den *marimbas*.

Er arbeitete noch immer an der *zarzuela*. Außerdem schrieb er ein zweites Ballett.

Sie gingen nach New York, und er wurde Musikkritiker.

Janes Roman wurde veröffentlicht, und Leonard Bernstein führte die *zarzuela* auf.

Er ging nach Mexico und staunte über den neuen Vulkan Paricutin.

Die belgische Exilregierung gab Musik für einen Film über den Kongo in Auftrag.

In Zusammenarbeit mit Salvador Dalí schrieb er ein drittes Ballett.

Dann begann er, Short stories zu schreiben, und hatte keine Lust mehr, Musik fürs Theater zu komponieren.

Er fuhr nach Kuba und El Salvador. Jane schrieb ein Theaterstück.

Er hörte auf, Musikkritiker zu sein, komponierte jedoch weiter für den Broadway.

Eines Nachts träumte er, er sei in Marokko. Der Traum machte ihn sehr glücklich.

Ein Verleger beauftragte ihn, einen Roman zu schreiben.

Er beschloß, New York zu verlassen, und nach Marokko zu gehen.

In Fez begann er mit *Himmel über der Wüste*.

Er schrieb und schrieb und zog von einem Ort in der Sahara zum anderen.

Er traf Jane in Tanger und brachte sie nach Fez.

Ein Fluß rauschte unter ihrem Fenster vorbei, wenn sie arbeiteten. Er beendete seinen Roman.

Er hatte bereits die Musik für Tennessee Williams ersten Broadway-Erfolg geschrieben.

Er war nicht überrascht, als Tennessee ihn für ein neues Stück haben wollte.

Er fuhr nach New York und schrieb die Partitur.

Nach der Premiere nahm er Tennessee mit nach Marokko. Das Wetter war schlecht; Tennessee blieb weniger als einen Monat.

Jane und er wohnten im Farhar in Tanger. Truman Capote kam zu Besuch.

Sechs Wochen lang unterhielt er sie bei den Mahlzeiten.

Es gab viele Parties und Picknicks.

Jane arbeitete in ihrem Bungalow, doch er wußte nicht, was sie schrieb.

Er war bekümmert, als er hörte, die Verleger hätten sein Buch abgelehnt.

Wir erwarteten einen Roman, sagten sie, und das ist kein Roman.

So erschien es zuerst in London.

Sie fuhren nach England und wohnten ein paar Wochen in Wiltshire.

Jane wollte den Winter in Paris verbringen. Er entschied sich für Sri Lanka.

Auf dem Schiff begann er einen Roman über Tanger.

Er richtete sich auf einer Teeplantage in den Bergen ein, wo Leoparden hinter Felsbrocken lauerten und die Hunde davonschleiften.

Er nahm ein Schiff und fuhr hinüber nach Dhanushkodi in Indien.

Indien war heißer als Sri Lanka. Er arbeitete an seinem Roman.

Als er in Paris ankam, wollte Jane nicht abreisen.

Er verwandelte García Lorcas *Yerma* in eine Oper.

Das war für Libby Holman. Sie verbrachten einen Monat zusammen in *Andalucía*.

Herbst in Fez. Winter und Frühling in der Sahara.

Jane wollte zurück nach Marokko.

Er fuhr an die französische Grenze und holte sie ab.

Doch Spanien gefiel ihr so gut, daß sie einen Monat dort verbrachten.

Sie beendete ihr Stück und fuhr nach New York.

Er beendete seinen Roman und fuhr nach Bombay.

Die indischen Eisenbahnen hatten in den vergangenen zwei Jahren sehr gelitten.

In Südindien steckte man ihn in ein Gefangenenlager, zusammen mit zwanzigtausend Tamilen, die bei ihrem Fluchtversuch nach Sri Lanka gefaßt worden waren.

Sie waren schon seit Monaten und Jahren dort, er jedoch kam nach zwei Tagen frei und fuhr nach Sri Lanka.

Im Hochsommer war er in Venedig. Er war in Madrid, als ein Telegramm aus Ceylon kam.

Es war nun möglich, eine kleine Insel vor der Küste von Sri Lanka zu kaufen.

Er kaufte sie und fuhr nach New York, um die Musik für Janes Stück zu schreiben.

Im Sommer war er in Rom und arbeitete an einem Film für Visconti.

Er wußte nicht, was er tat, tat es aber trotzdem.

Als er in diesem Winter mit Paratyphus in Tanger lag, kam ihn William Burroughs besuchen.

Es dauerte ein Jahr, ehe sie sich kannten.

Im Sommer begann er, seinen dritten Roman zu schreiben, diesmal über Fez.

Er war halb fertig, als er und Jane sich einschifften, um den Winter auf Taprobane zu verbringen, jener Insel vor der Küste von Sri Lanka.

Jane ging es nicht gut. Sie war nicht glücklich.

Zwei Monate später kehrte sie nach Tanger zurück.

Er beendete seinen Roman und machte eine Kreuzfahrt nach Japan.

Dann fuhr er nach Tanger zurück und arbeitete weiter an der García-Lorca-Oper.

Seine Eltern kamen zu Besuch. Marokko gefiel ihnen. Er war überrascht.

Er dachte an seine Insel und beschloß, nach Sri Lanka zu fahren, um sie zu verkaufen.

Der Suez-Kanal war blockiert. Er reiste via Kapstadt.

Er verbrachte den Winter auf Taprobane und machte sich dann auf den Weg nach Mombasa.

Während er in Kenia war, erlitt Jane einen Schlaganfall.

Er brachte sie zur Untersuchung nach England.

Die Ärzte konnten nichts tun; sie kehrten nach Tanger zurück.

Bald ging es ihr schlechter, und wieder mußte sie nach London. Es war eine schlimme Zeit.

In Madeira verschlechterte sich ihr Gesundheitszustand. Sie mußte nach New York.

Tennessee, der sie liebte, kam aus Florida, um sie vom Flughafen abzuholen.

Die García-Lorca-Oper wurde uraufgeführt. Sie war kein Erfolg.

Libby Holman hatte hart gearbeitet, aber es gab keinen Regisseur.

Er und Jane fuhren zurück nach Tanger. Doch dann kam ein Telegramm von Tennessee: Er brauchte Musik für ein neues Stück.

Er schickte ihm das Skript für *Sweet Bird of Youth*.

Die Musik entstand teilweise in Tanger, teilweise auf dem Schiff nach New York.

Die Rockefeller Foundation gab ihm ein Stipendium, damit er marokkanische Musik aufzeichnen konnte.

Er verbrachte sechs Monate in den Bergen, in der Wüste und in den Städten und zeichnete Musik auf.

Im folgenden Jahr begann er, Geschichten marokkanischer Erzähler aufzunehmen.

Jane schien es besserzugehen, doch sie war noch nicht imstande zu arbeiten.

Er fuhr mit Allen Ginsberg nach Marrakesch.

Sie erreichten es an dem Tag, an dem die Medina brannte.

Der Rauch aus Basaren und Souks hing schwer in der Luft.

Janes Gesundheitszustand wurde immer schlechter. Zweimal fuhren sie nach Amerika, besuchten ihre Eltern und konsultierten Ärzte, die möglicherweise hätten helfen können. Doch kein Arzt konnte helfen.

Auf dem Monte Viejo in Tanger schrieb er seinen vierten Roman.

Er fing an zu übersetzen, was ihm Mohammed Mrabet erzählt hatte.

Ein Verleger bat ihn, ein Buch über Kairo zu schreiben.

Er hatte keine Lust dazu und schlug halb im Scherz Bangkok vor.

Der Verleger war einverstanden. Er fuhr via Panama nach Bangkok. Er war entsetzt.

Sie sind fünfzehn Jahre zu spät gekommen, sagten die Leute.

Die Bäume waren verschwunden. Die *klongs* waren aufgefüllt worden. Die Luft war faulig.

156

Nach vier Monaten zwangen die thailändischen Behörden ihn zur Ausreise.

In Tanger erfuhr er, daß Jane ins Krankenhaus eingeliefert werden mußte.

Er brachte sie nach Spanien.

Dann willigte er ein, nach Kalifornien zu gehen, um zu unterrichten.

Er sagte seinen Schülern, daß er kein Lehrer sei und nicht unterrichten könne.

Sie lachten und fanden ihn exzentrisch.

Nach dem ersten Semester kehrte er nach Marokko zurück.

Jane bettelte, er solle sie nach Tanger bringen. Die Ärzte waren dagegen.

Trotzdem nahm er sie mit zurück, weil sie so unglücklich war.

Es war eine Katastrophe. Sie aß nicht, wurde schwach und dünn.

Er gab sich geschlagen und brachte sie wieder ins Krankenhaus nach Spanien.

Sie blieb dort. Sie starb dort. Ihr Grab ist nicht gekennzeichnet.

Danach schien es ihm, als ereigne sich nichts mehr.

Er lebte weiter in Tanger, übersetzte aus dem Arabischen, Französischen und Spanischen.

Er schrieb viele Short stories, doch keine Romane.

Es gab mehr und mehr Menschen auf der Welt.

Und es gab nichts, was er dagegen tun konnte.

1986

GOLDMANN TASCHENBÜCHER

*Das Goldmann Gesamtverzeichnis erhalten Sie im Buchhandel
oder direkt beim Verlag.*

Literatur · Unterhaltung · Thriller · Frauen heute
Lesetip · FrauenLeben · Filmbücher · Horror
Pop-Biographien · Lesebücher · Krimi · True Life
Piccolo Young Collection · Schicksale · Fantasy
Science-Fiction · Abenteuer · Spielebücher
Bestseller in Großschrift · Cartoon · Werkausgaben
Klassiker mit Erläuterungen

* * * * * * * * *

Sachbücher und Ratgeber:
Gesellschaft / Politik / Zeitgeschichte
Natur, Wissenschaft und Umwelt
Kirche und Gesellschaft · Psychologie und Lebenshilfe
Recht / Beruf / Geld · Hobby / Freizeit
Gesundheit / Schönheit / Ernährung
Brigitte bei Goldmann · Sexualität und Partnerschaft
Ganzheitlich Heilen · Spiritualität ·Esoterik

* * * * * * * * *

Ein SIEDLER-BUCH bei Goldmann
Magisch Reisen
ErlebnisReisen
Handbücher und Nachschlagewerke

Goldmann Verlag · Neumarkter Str. 18 · 81664 München

Bitte senden Sie mir das neue kostenlose Gesamtverzeichnis

Name: _____

Straße: _____

PLZ / Ort: _____